精益思想丛书

低成本 零缺陷 持续改善

Toyota Kata

Managing People for Improvement,
Adaptiveness, and Superior Results

丰田套路

转变我们对领导力与管理的认知

珍藏版

[美] 迈克·鲁斯 著
（Mike Rother）

刘健 张冬 译

机械工业出版社
CHINA MACHINE PRESS

图书在版编目（CIP）数据

丰田套路：转变我们对领导力与管理的认知（珍藏版）/（美）迈克·鲁斯（Mike Rother）著；刘健，张冬译 . —北京：机械工业出版社，2017.4（2025.1 重印）
（精益思想丛书）
书名原文：Toyota Kata: Managing People for Improvement, Adaptiveness, and Superior Results

ISBN 978-7-111-56479-9

I. 丰… II. ①迈… ②刘… ③张… III. 汽车工业 – 工业企业管理 – 组织管理学 – 经验 – 日本 IV. F431.364

中国版本图书馆 CIP 数据核字（2017）第 054642 号

北京市版权局著作权合同登记 图字：01-2009-7315 号。

丰田套路
转变我们对领导力与管理的认知（珍藏版）

出版发行：机械工业出版社（北京市西城区百万庄大街 22 号 邮政编码：100037）

责任编辑：刘新艳　　　　　　　　　　　　　　责任校对：殷 虹
印　　刷：固安县铭成印刷有限公司　　　　　版　次：2025 年 1 月第 1 版第 14 次印刷
开　　本：170mm×242mm 1/16　　　　　　　印　张：16.5
书　　号：ISBN 978-7-111-56479-9　　　　　　定　价：45.00 元

客服电话：（010）88361066 68326294

迈克·鲁斯的《丰田套路》是一本罕有却令人兴奋的著作，为之前大量的管理实践提供了一个全新的视角，同时赋予其更多的含义和能量。在过去的 20 年甚至更长的时间里，无数人研究和总结了丰田如此成功的管理思想和实践。但很遗憾，除了在那些著作里展现的大量知识以外，没有任何一家丰田以外的组织达到甚至接近丰田所取得的成就。大家都感觉还是没有明白丰田的一些关键点，因此非丰田的公司也就无从付诸实践。

《丰田套路》改变了这一切。在本书里，迈克·鲁斯深入挖掘了丰田的管理方法，之前还未曾有如此深入的研究。通过这些研究，他提供了一系列新的观念和实践，让任何行业的任何组织都能付诸实践，从而更加接近丰田。

这不是迈克·鲁斯第一本展现对丰田的洞见的图书。他在1998 年和约翰·舒克（John Shook）合著的《学习观察》[○]中，对丰田的方法提出了超前的见解。如果回过头来看一下《学习观察》，就会发现《丰田套路》的洞见高度超越了《学习观察》好几个层次。

《学习观察》描绘和阐述了一个绘图工具——丰田用来"观察"物料是如何从生产开始到交付成品给最终客户的，在丰田内部被称为"物料与信息流程图"，鲁斯、舒克和詹姆斯·沃麦

○ 本书中文版已由机械工业出版社出版。

克（James Womack）将丰田的这个工具称为"价值流图"，并首次在书里介绍了这个工具。得益于《学习观察》的成功，价值流图成为传授和实践著名的丰田生产系统时应用最广泛的工具之一。

鲁斯和舒克通过价值流图展示了如何运用丰田那些著名的工具，系统地将大批量生产的工厂流程（有大量的中断和延误）转变为像丰田工厂那样的流动生产。那些工具都耳熟能详，如节拍时间、按灯、看板、均衡化和自働化⊖。对于大部分学习丰田的人而言，《学习观察》第一次如此广泛和深入地阐述了如何运用丰田的工具来改善整个工厂。

虽然如此，《学习观察》并没有探索这些工具在丰田是如何进化和持续进化的。《学习观察》确实提供了一系列的步骤，帮助我们理解丰田如何在过去的50年里一步步地实现如此耀眼的成就；但是它却没有解释清楚为什么其他组织在实践了丰田工具之后，看起来并没有取得丰田那样的成就。丰田是如何开发出解决方案的呢？它用了什么特定的流程吗？迈克·鲁斯在《丰田套路》一书中阐述了丰田实践中至关重要的一环。

《丰田套路》的核心是描述和阐述丰田管理人员的流程。鲁斯非常详细地阐述了丰田独特的改善套路和领导模式（也被称为套路），丰田正是由此才实现了持久的竞争优势。《丰田套路》提出了颠覆性的洞见：丰田的"改善套路"和"辅导套路"超越了目前西方大部分公司里应用的以结果管理为导向的管理方法。

1992年的时候，我到丰田在肯塔基州乔治敦的工厂里第一次研究丰田的"巨型"工厂，有过一些观察，而《丰田套路》中的发现也证实了我的观点。⊜

⊖ 自働化的原文为 Jidoka，此处是带人字旁的働，意指有异常自动停止。

⊜ 我在下面这本书的第3章和其他部分进行了阐述：H. Thomas Johnson and Anders Broms, *Profit Beyond Measure: Extraordinary Results Through Attention to Process and People* (New York: The Free Press, 2000; and London: Nicholas Brealey Publishing, 2000 and 2008).

丰田和其他美国或者西方公司的不同之处在于，丰田更关注被我称为"通过方法管理"的方法，而不是"通过结果管理"。1992 年我在乔治敦从张富士夫（Fujio Cho）总裁和他的管理团队中学到的是，丰田坚信组织改善和调整的模式才是形成竞争优势和组织永续生存的关键，而不是定量/财务的结果。

在这个年代，商业组织也会对社会本身产生巨大的影响。这些组织如何运行，尤其是思考和培养员工的方式，不仅会影响组织的成功，同时也会对社会结构产生深远的影响。人类行为学的知识在迅速发展，但是我们每天运营公司的方式却和那些科学的发现相去甚远。商业组织接触不到这些知识，也就无法去实践，不能利用它取得成果。由于《丰田套路》是关于在组织内培养新的思考和行为方式的，所以它提供了一种科学的方法，组织可以在日常中应用。通过更有效的工作和团队工作的方式，人类的努力可能会取得更好的成果。

在我看来，迈克·鲁斯的《丰田套路》可以给非丰田的商业组织带来的巨变是：改变传统财务指标驱动的管理思维，取而代之的是，只有持续和稳健的流程改善和调整才能实现卓越的财务结果和组织长期存续，而不是一味驱动人们采用各种方式去实现财务目标。阻碍这一转变发生的因素，是对于持续改善和调整是如何在丰田实现的，在这之前并没有清晰和系统的阐述。丰田是迄今为止我知道的唯一一家"通过方法管理"（而不是结果管理）的公司。只要我们研读迈克·鲁斯的《丰田套路》，便可一窥其洞见。

H. 托马斯·约翰逊（H. Thomas Johnson）

于俄勒冈州波特兰市，2009 年春

改变我们对领导力和管理的理解

想象一下：在组织里，你有一套方法来管理员工，让他们可以主动地调整、改善，从而推动组织向前发展。虽然这个方法和我们现在用的方法不同，但也不是那么难理解。这就是本书的主题，阐述一种方法——通过影响组织中每一个人（包括你）思考、行动和应对的方式，将组织带到一个高度，并能保持这个高度。

在很多组织里都有一个难以言喻的沮丧问题，目标和实际情况之间总存在差距。设定了目标，但总是达不到，甚至没有发生任何改变。

例如，音乐产业的唱片公司受到了音乐下载的沉重打击。虽然在 30 年前就已经有很多人在家里自己制作录音带，这说明市场已经存在。虽然早在 20 世纪 70 年代小型低能耗汽车的市场就已经开始增长，但是在之后的数十年里，底特律的汽车制造商还是决定在产品系列中不去关注它。更近一些，虽然人们在咖啡厅里都清一色地在用笔记本电脑浏览网页、收发邮件、分享照片、下载音乐，但是电脑巨头们还是没能根据这些需求及时开发出集成度更高的"上网本"。

我们对于像音乐产业、汽车制造商、电脑公司和其他很多类似的组织有如此命运的反应是可预测的：我们将组织的失败归咎于经理和领导者的错误决策，甚至要求换人。真的都是那些经理和领导人的问题吗？那是根本原因吗？我可以向你保证，我们想当然地错怪了那些经理和领导人。聘请新的管理层，更多的工商管理硕士也不能解决这个问题。

那么是什么让这些组织衰败甚至倒闭呢？我们又能做什么？我们能改变什么？我们应该改变什么？一旦你知道这些问题的答案，就能更好地领导和管理员工，确保你的组织能找到走向未来之路。

绝大部分的公司领导者和管理层都是一群思维缜密、努力工作的人，他们和他们的团队都想让组织成功。结论似乎已经变得清楚：原因并不是人，现在流行的管理系统才是元凶。问题出在我们是如何管理我们的组织的，越来越多的共识表明我们需要一种新的方法，但是我们还不清楚应该做出哪些改变。

商界会认为运作良好、成功的公司在衰败的时候，新的公司却能做得很好，是因为新的公司不会受到陈旧和过时的思想方式的羁绊。从表面上看起来确实如此，但重点在更深一层。问题不是公司的思想陈旧，而是思想没有持续改善和调整。

根据对丰田的研究，我提供了一个更好的方法，帮助领导管理员工并加强自我管理。本书的读者就是那些想要领导、管理和培养员工去实现改善、调整和取得卓越成果的人。你可能是一个资深的经理、高管、工程师，或者刚刚开始学着去实践管理。你的组织可能只有几个人或者上千人。你可能已经很成功，但是想更上一层楼。

需要记住的是，我对管理的定义是：

通过协调的方式利用人们的能力，系统化地追求目标状态。

由于无法预知未来，因此我们不可能知道应该用什么管理系统。虽然如此，但我们可以提出下面的观点：一个有效的管理系统要能够应对不可预测的、动态的条件，并满足顾客的需求。情况总是随时随地都在变化，因此我们不可能提前知道应该让员工如何行动。带领员工去实施具体的解决方案，例如装配单元、六西格玛工具、看板、燃油或者混合动力传动系统，以及目前高毛利的产品等，是不会让组织实现自我调整和持续改善的，更重要的是人们如何感知和理解现状，并正确地应对，从而推动组织向前。

目前关于自我调整和持续改善的最好的案例就是丰田。当然，丰田也会犯错，但是没有任何一家其他公司能够如此系统、高效和持续地每天在每个流程都改善和调整。几乎没有其他公司可以在预算范围内，按时地实现那么多雄心勃勃的目标。

丰田是如何做到的

我们很久以前就知道丰田做了一些不同的事情，让它能够比其他公司更好地持续改善。现在我们认识到个中重点在管理方法上，但是丰田是如何在整个组织内每天的日常中植入持续改善和调整的呢？这个问题一直没有被很好地解释。

这是关于改变的问题。

尝试去理解和描述丰田做法的大部分图书中，都会提供一个组织实践或者原则的清单。单独的每个点或许都是对的，但如果没有理解丰田是如何管理员工的，只是列出清单（在过去 20 年中复制丰田的失败经验已经告诉我们）是不可行的。那是因为不管在任何一个时间点，组织实践和原则的清单都是结果，是从组织成员的思考和行为中衍生出来的。任何一个组织的竞争力、自我调整的能力和文化都源于组织成员每天通过什么模式和习惯去引导他们自己。这是关于人类行为的问题。

过去 20 年的经验告诉我们，努力复制其他公司的工具、技术和原则几乎不能改变组织的文化，只是做了事情而已。例如，如何让人们真正地去遵守原则？换句话说，关注培养每天的行为模式是一个切入点，因为心理学告诉我们，通过练习，行为模式是可以改变、可以学习的，也是可以复制的。

现在缺失的是：（需要打开发动机盖，仔细看看内部）清楚地阐述丰田每天的行为模式，以及他们是如何传授的。《丰田套路》正好弥补了这个差距。通过描述这些深层次的思考和行为模式，《丰田套路》建立了清楚的脉络——之前观察和总结的丰田实践是在这个脉络下发展出来并运行的。这给了我们新的力量。

本书描述了两个具体的行为模式，思考和自我引导的习惯或模式，它们在丰田日复一日地被实践。在日本，这些模式被称为套路。这些行为模式并不可见，也没有在丰田的文件中描述，需要很长时间才能认识到，但却是丰田领导和管理员工的方式。这两种套路会被传授给丰田的每一位员工，在组织自我调整和持续改善的过程中也扮演了非常重要的角色。如果想理解和学习丰田的成功，那么应该学习这些套路，而不是丰田的技术和原则。以下是这两种套路的阐述。

丰田用这些套路的目的和我们的管理方式有很大不同，从我们现在的视角来看丰田做事的方式，无法立即理解或者观察到。虽然如此，我想我们已经很接近"灵光一现"的时刻了，对丰田所做的事情有不同的视角、不同的解释和不同的理解。一旦我们理解了丰田如何运用本书中的两种套路，我们的观念就会改变，也就向前了一步。因为一旦认识到事情是如何运行的深层次的模式，我们就更容易掌握它。"最后我终于明白了。"这里所说的套路不可能用很短的篇幅就解释清楚，但最终你会理解，因为它们并不是那么难以理解。这也说得通，因为丰田想要组织里的每一个人都能掌握和应用。

本书会帮助你理解

虽然可能会在如何实施"精益制造"的方法方面有一些调整，但是这里所阐述的信息并不能代替之前关于丰田的著作。本书的目的是让你对丰田如何管理、如何实现持续改善和调整有更多深入的理解。我会告诉你一个更全面的丰田，然后让你更加清楚如何在一个非丰田的组织内培养这样的行为模式。如果要这么做，我们需要首先回答以下两个核心问题。

1. 丰田持续改善和调整的成功背后有什么看不见的管理模式和思想？

2. 其他组织如何培养类似的模式和思想？

本书在组织心理学的层次来展示丰田的行为模式，而不仅仅是丰田本身。虽然本书所展现的行为模式都是在制造环境下的研究所总结出来的，但它们是通用的，可以应用在任何一个组织，老的或者新的，制造的或者非制造的，以及组织的各个层次。这是关于不同的、更有效的管理员工的方式。

我是如何学到的

我从来不是丰田的雇员，也没有在丰田的任何一个工厂工作过。现在看来，这反倒是一个有利的因素，有以下两个原因。

1. 我需要通过在实际的工厂和管理实践中做试验来弄明白。

2. 在无数次试验之后，我开始注意到丰田的思考和行为模式与我们流行的方式有所不同。由于没有对比，所以丰田内部的人会忽视这些差异，而去丰田参观、观察、标杆学习和访谈的人也无法从表面上观察到。

本书中大部分的发现都是建立在很多公司一手的试验和观察基础上的。相比标杆学习或者访谈，这种"自己去试试看"的方式虽然耗费更多时间，却能获得更深入的洞见和理解。这些经验来自这些年的实践。

- 在非丰田的组织实施丰田的工具和管理实践要不断地试验，同时关注哪些事情不能按照预期运行，深入调查为什么，并做相应的调整。这种试验的方法也就是PDCA：计划 - 执行 - 检查 - 行动。
- 定期访问丰田集团的工厂和供应商，和很多丰田员工、前员工会面，去观察和探讨最近的发现。

这个工作需要这两个方面的研究定期相互交叉，当我在这两者之间切换的时候，其中一个会影响到另外一个的方向。为了帮助和实现这种交互，我建立了一个研究记录文档，并定期更新，以记录学到了什么和后面有什么问题。这个文档不仅记录了所学到的东西，同时也确保了沟通都能够尽可能地基于事实和数据。事实上，你现在在手上拿的就是最新的通俗化版本。可以说，这就是我提炼的丰田背后不是立刻可见的，却是最根本方面的过程。

需要注意的是，丰田并不用我们这里提到的一些术语。为了帮助我们理解丰田的人是如何思考和行动的，我不得不创造一些新的术语。丰田的人听到这些词的时候可能会说"我不知道那是什么"，但他们会像这里描述的那样去做。

本书的五个部分呈现了以下研究。

- 第一部分设定了组织永续生存的挑战。

- 第二部分审视了我们现在是如何管理我们的组织的。这是很重要的准备，要理解丰田思考和行为模式的不同，首先需要了解我们自己的。

- 然后引入了下一个问题：组织中的人们应该如何行动，组织才能永续经营？丰田的答案中很重要的一部分就是我所说的"改善套路"，这会详细阐述，也是本书的核心。在第三部分你会理解这一点。

- 但不会因为这是一个好主意，改善套路就会在组织中自然出现。下一个问题就是：丰田的人是如何传授改善套路的？问题的答案就是我所说的"辅导套路"，会在第四部分阐述。

- 最后，阐述完两个套路之后，问题是：我们如何在非丰田的组织中培养改善套路的行为。这就是第五部分的内容，其他公司如何培养适合自己的套路，这也是我目前的研究题目。

当然，研究循环永无止境，这也就意味着本书只反映了在某个时间点的理解水平，还有更多需要学习，也会有不少谬误。其实任何图书都只是临时的报告，因为永远没有定论。

最后一点，这里所描述的思考和行为模式超越了商业世界。它展示了一个系统化和结构化的方式，如何去应对问题、不确定性和变化的方式。换句话说就是，我们如何一起工作实现看不见的目标。对丰田的研究越深入，我对探索生活更大的可能性就越有兴趣，也希望你在阅读本书的过程中能思考一下。

迈克·鲁斯

2009 年春

安娜堡，美国 / 科隆，德国

目录 | Toyota
      | Kata

第一部分

当前局势

什么样的公司能基业长青

下一个演讲的题目是关于丰田汽车的，演讲者在热烈的掌声中走上讲台，大屏幕上的趋势图和数字显示着丰田汽车这些年来所取得的显著业绩。台下的听众在演讲者声情并茂的演讲中频频点头。

在过去的 20 年时间里，这样的场景出现了无数次。大量的书籍、文章、演讲、研讨会和培训都会以丰田汽车的这些统计数字作为开头：

- 在美国汽车厂商的销售遇到天花板甚至下降的时候，丰田的销量在过去的 40 年里持续保持增长。
- 丰田的利润超过其他任何一家汽车制造商。
- 丰田的市场资本额已经连续四年超过通用、福特和克莱斯勒，最近几年甚至超过了它们的总和。
- 在销量方面，丰田已经是全球汽车行业的领头羊，在美国市场上也已经高居第二。

诚然，这些数据非常有趣，也很好地说明了一个问题：丰田汽车肯定在有些地方和其他厂商不一样。那么，问题来了：不同的地方在哪里呢？

我们在回答这个问题上的表现却不尽如人意。从 20 世纪 80 年代开始就已经有了研究丰田实践的书籍和文章。生产领域的同仁从这些著作中学习丰田，也确实在质量和生产效率方面取得了不少成绩。毫无疑问，我们的工厂和 20 年前相比已经有了很大进步。但是在学习丰田 15 年、20 年之后，除了在丰田集团里面，我们还没有发现任何一个公司能够像丰田汽车那样——系统、高效和持续地提升质量和成本优势。不管是在丰田内部还是外部，我们都认同这个有趣的发现。

实际上，我们将注意力首先放在了可以看得见的工具上面。这是我们学习丰田的入门，也是学习过程的第一步（读完本书，学习过程也会一直持续）。开始第一步之后，我回到研究的实验室（也就是工厂里面）去做试验，在这个过程中也学习到一些不同的经验和教训，会在本书后面的内容和大家分享。那些可见的部分，如工具、技术，甚至丰田生产方式中的原则已经被广泛认可和详细阐述，但是复制这些可见的部分好像并不起作用。为什么？缺少了什么？我们一起来看看。

我们在努力复制错误的东西

通常的做法是，先观察丰田现在可以看得见的做法，总结成要素和原则的清单，然后去尝试实践。这实际上是反求工程[⊖]（reverse engineering）——为了复制一个产品，将它拆开看它是如何工作的。这样做的效果并不理想，主要原因有以下 3 个。

丰田背后的核心并不可见

在丰田，尤其是在管理方式上，我们所能看见的工具和方法是建立在

　⊖ 也称"逆向工程"。

不可见的管理思想和行为模式上的（见图 1-1），这和大多数的公司都有明显的不同。与此同时，我们没有改变现有的管理思想和行为模式，而是在现有的管理思想和行为模式的基础上加入丰田生产方式。如果没有理解丰田背后潜在的逻辑，简单地复制丰田的方法可能并不起作用，也不能产生持续的改进效果。

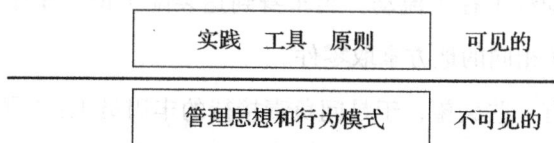

实践　工具　原则	可见的
管理思想和行为模式	不可见的

图 1-1　可见的工具和方法建立在不可见的管理思想和行为模式上

有趣的是，丰田人自己并不擅长描绘和解释他们独特的思考和行为模式。现在看来是因为那是他们的习惯，是丰田内部普遍存在的做事方式，而且很多丰田人都是从内部培养和提拔起来的，没有什么可以参照的对象。就好像如果我问你今天做了什么，你会告诉我很多事情，但是你不会提到"呼吸"。因此，仅仅依靠和丰田人的访谈并不能理解丰田背后的核心所在。

组织并不能通过"反求工程"获得自我调整⊖的能力，并持续改进

丰田一次又一次地对朝圣者敞开工厂的大门，但是我可以想象丰田的领导可能一直在摇头私语："欢迎你们来参观，但是为什么你们对某个问题的解决方案如此感兴趣？为什么不去研究我们是如何找到这个解决方案的？"未来是不可预测的，现在采用的解决方案在未来不一定会适用。竞争优势源于组织在现状基础上找到合适的解决方案的能力，并不依赖于解决方案本身——例如精益方法、高利润的产品等。

关注解决方案并不能让组织具备自我调整的能力。很多年前，我的一个朋友参观了丰田在日本的工厂，发现所有车型的零部件都通过流动式货

⊖　原文为 adaptive，本书后文中也会不断出现这个词，意指自我调整、自我适应。为行文流畅，统一根据上下文翻译为调整或者自我调整。——译者注

架递送到工位上。通过这样的方式，操作者可以从货架上拿到不同车型的零件，从而不需要更换货架上的零件就实现了混线生产。我们中的很多人也如法复制了这个方法很多年。

不久前，我的这位朋友回到那个工厂，发现流动式货架都不见了，取而代之的是另外一种方法。同一辆车的不同零件被放在一个"小车"上，随着车身在装配线上往下流动。当车身到达装配工位，操作者只看见这些零件，每次也从相同的地方拿取零件。

我的朋友有一些失望，于是问负责接待的丰田员工："哪一种方式是正确的，或者说哪个更好？流动式货架还是成套配送？"丰田的员工没有明白他的问题，只是这样回答他："前些年你到访我们工厂的时候，我们这条线只生产4种车型。现在我们在同样的线上生产8种不同的车型，已经不可能在流动式货架上放置所有车型的零件。另外，我们一直在努力追求单件流。你只是看到在当时特定的情况下我们所实施的解决方案。"

20世纪八九十年代，在研究丰田的生产效率为什么高于其他汽车制造商的时候，我们的发现是那些我们所熟知的"精益"方法：看板、单元化生产、快速换模、安灯等。于是，我们（也包括我在内）的结论是：丰田之所以如此高效的原因是丰田采用了这些新的方法，而西方工业还依赖于传统的制造方法。

但是上述的对比研究是在某个时间点上进行的，得出的结论在某种程度上会陷入"对比研究陷阱"。我们的对比研究没有深入研究丰田背后的逻辑，也没有细看丰田在这几十年来所持续取得的进步。因此，这些研究并没有厘清其中的因果关系。关键点并不在于新的方法本身，而在于丰田开发了这些新的方法，其他制造商没有。迈克尔·库苏马诺（Michael Cusumano）在《日本汽车工业》（*The Japanese Automobile Industry*，1985）一书中就提到，在20世纪60年代，丰田汽车总装厂的效率就已经开始高于美国的汽车制造商，并且在持续提高。

在对比研究之外，对丰田更深入的研究一直没有得到突破。直到哈佛商学院的史蒂文·斯皮尔（Steven Spear）在他的博士论文（1999 年出版）中总结了以下结论：丰田的傲人业绩不是源于之前看到的工具和方法，而是源于丰田的行为习惯——通过不断地做试验而持续改进。斯皮尔同时指出，事实上，那些工具和方法是这些行为习惯的产物，是在特定的情况下开发出来的对策。这个研究也是启发我开始写本书的原因之一。

反求工程让我们陷入一种"实施"模式

"实施"这个词常常是一个褒义词，但是，不管你是否相信，以实施为导向会阻碍组织的发展和人员能力的培养。如果想要真正学到丰田的精髓，必须采取亲自动手去做的"问题解决"模式。我们来看一下"实施"模式和"问题解决"模式的区别。

有一次在德国举行三天的研讨会，前面两天我们学习和探讨了丰田是怎样做的。在第三天，我们探讨如何开始去做，这个时候，一位学员举手提出："老师，您在前面两天很清楚地描绘了丰田是如何做的，但是当我想要开始做的时候却很迷茫，没有一个清晰的路径。"

我当时是这样回答的："这就是它应该有的状态。"但是这个答案并没有让那位学员满意，于是我画了图 1-2。

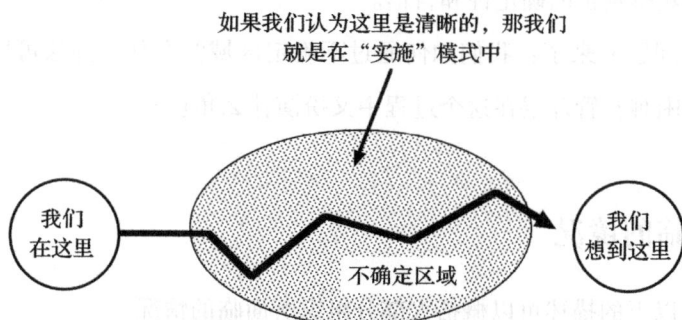

如果我们认为这里是清晰的，那我们
就是在"实施"模式中

我们
在这里

不确定区域

我们
想到这里

图 1-2　"实施"模式是不现实的

　　只有三件事情是我们可以确定的：我们在哪里，我们想到哪里去，采用什么方法通过中间的灰色区域。其他的事情是不清楚的，因为我们不能看到未来。现状和目标之间的灰色区域布满了不可预见的障碍、问题和困难，也只有下了河才能摸到那些"石头"。我们需要做的是掌握通过这个灰色区域的方法，而不是解决方案——详细的行动步骤。

　　这就是我在本书里面所提到的"持续改进和自我调整"的能力：根据实际情况做出敏锐的反应，通过一个不清晰也不可预测的区域，抵达预计的目的地。

　　就如在德国的那位学员，人总是想要一个确定感，甚至在不确定的情况下，人为地"创造"一个确定性，然后我们就在这里陷入麻烦。如果相信前方的路是确定和清晰的，我们就会自然地确定一个实施计划，而不是根据过程中的实际情况来学习、调整和应对。结果就是，不管我们有多么好的设想，到最后可能都没有抵达目的地。

　　如果有人宣称可以确切地知道如何抵达目的地，那么我们就要小心了。不确定（不能准确地预测路径）才是正常的情况。如何应对不确定性，并从中获得确定性和自信才是最重要的。本书后面的部分总结起来都是在强调：预先计划好的实施步骤和方案通常都会偏离我们的设想，我们也不能从中获得确定性和自信。只有关注如何通过不确定区域，理解背后的逻辑和方法，才能获得真正的确定性和自信。

　　那么问题又来了：我们如何通过不确定区域？有什么办法可以克服不能预测的困难？管理层在这个过程中又扮演什么角色？

我们面临的境况

　　我想以下的描述可以概括大部分组织所面临的情况。

- 虽然有可能会遇到稳定的状态，但是外部和内部的条件一直在变化。不管你是否注意到，进化和改变一直在发生。这个过程可能会很缓慢，以目前的方式应对并没有什么问题。但是一旦发现问题，就可能已经太迟了。尝试着这么来看这个问题：如果你可以工作100 年而不是 35 年，你还会奢望身处的环境一直保持不变吗？

- 我们不可能预测那些条件会如何变化，因为人类还没有预测未来的能力。

> 未来总是出人意料。
>
> ——丹尼尔·吉尔伯特（Daniel Gilbert），《哈佛幸福课》
> （*Stumbling on Happiness*）

- 如果落后于竞争对手，你不可能用很短的时间或者几步就赶上。如果有什么我们可以做或者去实施就能迅速赶上，那么竞争对手同样也会这么做。

如果我们希望组织能够基业长青，那么如何应对内部和外部的变化至关重要，而且进无止境。目标不是赢，而是培养组织的能力——持续改进、适应和满足不断变化的顾客需求。想要保持竞争优势并生存下去，这种持续地、小步地进化和改进的能力才是最好的保证。为什么呢？

小步的、渐进的步伐可以让我们从过程中学习，做出调整，从而逐渐找到通向目标的路径。因为不能预测未来，所以我们不能只依靠计划。改进、调整，甚至创新的结果都来自小步的积累，每次的教训都能为我们的下一步积累知识和经验。

只依赖技术创新通常只能带来暂时的竞争优势。当然，技术创新非常重要，也能带来竞争优势。但是技术创新不是一直有，也很容易被竞争对手复制。在很多情况下，我们也不能期望一直拥有技术优势。虽然还存在争议，但是专注在既定的方向上，保持热情，渐进地调整和创新，所积累的成果通常比单独的产品创新更具有价值。

成本和质量优势源于长时间小步的积累。同样地，如果一个公司可以通过简单地应用某项技术就实现成本和质量优势，那么其他公司也会这么做。事实上，成本和质量优势是建立在小步改进上的，需要长时间的努力和积累。持续的成本和质量改善是独特的竞争优势，很难被复制。即使在成熟的产品上，持续的成本和质量改善也会带来极大的竞争优势。

定期的改善和创新（例如只是在某个运动开展时才进行改进）背后隐藏着一个脆弱的静态系统。 有一个很有趣的现象：在大部分情况下，组织的运营情况在本质上没有改进。

很多人将改进认为是定期的工作，比如一个项目或者运动，只有在有紧急需要的时候才付出额外的努力来改善或者变革。但这并不能形成持续改善，实现自我调整和可持续的竞争优势。定期的改进或变革可以这样来解释：在一个期望保持不变的系统上增加了一个"改善"的弹窗。

曾经有一个著名公司的总裁告诉我："我们在持续改善，因为我们每一个工厂里面每周都会有一个改善研讨会。"当我问他每个工厂有多少个流程的时候，他的回答是 40 ~ 50 个。这就意味着每个流程每年大概会改善一次。这不算太差，丰田同样也有改善研讨会，但这个研讨会和持续改善并不是一件事情。很多公司都会说："我们在持续改善。"这么说的意思是每周会有一些流程在改进。这里我们需要明确：

项目 + 研讨会 ≠ 持续改善

如果你也同意，我们这样来定义持续改善：每一个流程每天都在改善。在丰田，每个流程的每一个层级每天都在改善。就算指标已经达到目标，改进也还会继续。当然，每天的改进可能包括了很小的进步。

我们不能"放任"一个流程，然后期望高质量和低成本。 一个很流行的观点就是我们可以用标准化来维持一个流程的状态（见图 1-3）。

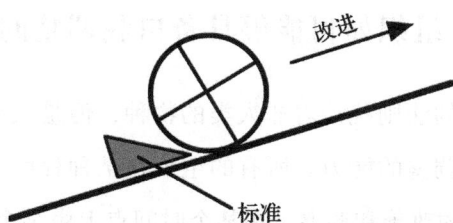

图1-3　通常认为标准是可以防止后退的楔块，但事实并不是这样

虽然如此，想简单地维持一个流程是非常困难的。就算定义了标准，和每位员工都详细解释过，也张贴了出来，流程还是会倾向于退步。这不能归咎于操作者没有遵守标准化工作（可能我们很多人都会这么认为）。真正的原因是交互影响和熵，如果我们"放任"一个流程，那么它就会自然地恢复到混沌的状态（这里要感谢拉尔夫·温克勒先生给我指点了热力学第二定律）。下面讨论具体情况。

工厂里每天都会发生各种小问题。例如，测试设备需要重新调校，有些设备停机了，出现不良品，夹具故障等。操作者需要在保证产量的同时找到方法去处理这些问题。因此操作者只是快速解决或者避开那些问题，而不是去深入研究和理解，从根本上解决这些问题。虽然也是好意，但很快这个流程中就会有更多的在制品、更多的走动甚至更多的操作者，由此产生更大的波动和更多的问题。很多工厂的管理层都习惯了，在现有的运营模式下也接受这种情况，但同时却责备操作者缺乏纪律性。事实上，操作者已经尽了他们最大的努力，真正的问题是系统上的，管理者应该负责。

关键是不管流程在退步还是在进步，如果想要防止后退，最好的办法可能是努力向前，就算是很小的一步。进一步说，在竞争的市场里面，如果竞争对手进步了，而你仍然在原地踏步，那么也是一种退步。

好的产品不一定非得是百里挑一的精品。应该通过持续改善制造流程，让消费者能够以较低的价格购买到质量稳定的产品。

——爱德华·戴明（W. Edwards Deming），1980

寻找未来之路：组织如何能够具备自我调整的能力

虽然自然选择的法则统治着非人类的物种，但是人类和人类组织还潜存着有意识地自我调整的能力。所有的组织在某种程度上都具备自我调整的能力，但是它们的改善和调整是在某个时间点上由某个"专家"推动的。换句话说，这些组织并不是自我调整，也就是没有很好地利用这个人类潜在的能力宝藏（自我调整的能力）。

组织如何才能具备自我调整的能力？我们应该关注什么？

我们常常认为丰田的竞争力源于单元化生产、看板和其他一些精益工具，但是事实并非如此。在所有丰田成功的因素中，最重要的是所有员工的能力和行为。员工的行为是丰田区别于其他公司的最重要的不同。

现在我们来讨论关于"管理员工"的主题。

人类具有强大的学习、创造和解决问题的能力。丰田的员工能够有效地理解现状，找到聪明的解决方案，而丰田持续改善和调整的能力也正是员工的这种应对能力。丰田认为所有员工持续改善的能力才是公司的"优势"所在。

从这个角度来看，如果组织想要具备自我调整的能力，建立赖以生存的竞争力，更好的做法应该是让大部分的员工每天系统地、科学地实现小步的改善，而不是小部分员工定期地实施改善项目。

> 一直以来，丰田都在考虑将解决问题和改善稳定流程的能力作为竞争优势之一。当所有员工都在负责解决工作中所遇到的问题的时候，这个公司就拥有了巨大的智力宝库。
>
> ——凯瑟琳·汉利（Kathi Hanley），肯塔基工厂的生产主管

如何利用员工的能力

理想上，我们可以利用组织内每个员工的智慧来抗衡自然选择法则的

统治，实现有意识地自我调整，但是人类的直觉和判断是非常不稳定的、主观的，甚至荒谬的。如果你问 5 个人一个问题："现在需要做什么？"你可能会得到 6 个不同的答案。我们所处的环境是动态变化的、复杂和非线性的。在这样的条件下，几乎不可能预测稍远一些的未来。如果我们不能依靠人的判断，那么如何利用员工的能力实现组织的改善和进化呢？

如果一个组织希望通过持续改善和进化实现基业长青，那就需要系统的流程和方法来引导员工的能力，挖掘和实现组织自我调整的能力。这样的模式可以指导和支持员工按照一个确定的方式去理解、调整和改善。

丰田有一个近乎一样的方法，或者叫方式。在丰田，改善和调整是每天工作的一部分，而不是额外或者特别的工作。几乎在任何情况下，每一个丰田的员工都会按照这个标准化的方式来工作，这超越了问题解决技术，实际上形成了组织的行为模式，在组织内培育和维持这个行为模式正是管理的任务。

我对管理的定义：

通过协调的方式，充分利用员工的能力，系统地实现目标状态。

在丰田生产方式之外，也有更进一步的总结，通常称为丰田模式。丰田模式的定义中，更多的是关于日常工作中不断重复的思考和行为模式，而不是工具和原则。丰田生产方式的工具和原则也正是在这些模式下发展起来的。如果想要理解或者复制丰田的成功，那么这些行为模式和丰田培育这些模式的方式，值得去深入观察和思考。

套路

在日语中，这样的方式或者模式称为套路（kata，名词）。这个词源于武术的基本招式，师父将这些招式教给徒弟，世代相传。以下是一些基本的翻译和定义：

- 做事情的方式、方法或者模式；
- 一种方式；
- 动作的标准形态；
- 预先定义、编排好顺序的动作；
- 习惯的流程；
- 一种培训或者训练方式。

更深一步的定义和翻译可以是：

将两个事物保持一致或者同步的方式。

最后一个定义可以从这个角度来阐述，公司内部和外部的条件都是动态变化的（见图1-4）。虽然条件一直变化，而且不可预测，但组织还是可以有方法或者套路来应对。这是一个有趣的视角。这样的方式可以帮助组织和所处的环境（外部、内部以及工作流程）建立有机的连接，并保持一致与和谐。关于套路，最关键的一个概念就是我们没有办法练习如何控制我们周围的环境，但是我们可以练习如何管理，或者应对周围的环境。

套路不同于生产技术和工具，套路是关于员工行为的，更具有普遍适用性。本书所指的套路不限于制造业，也适用于其他组织。

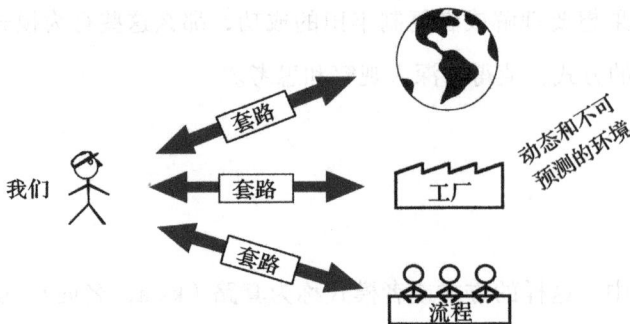

图 1-4　套路是一个方法，将你的思想、行为和动态、不可预测的环境保持同步

　　套路也不同于原则。原则的目的是帮助我们在面临选择的时候做一个决定，例如客户至上、拉动和不要推动等。原则不能告诉我们如何做事，如何推进，采取什么措施，但是套路可以。原则并不涉及重复的行为，而套路会要求具体的可重复的行为。因此，丰田的套路比原则更深一层。

　　套路可以用来持续改善和调整，但是这个行为方式有哪些属性呢？

- 不管是在自然界还是在人类组织，方法可以在流程层面起作用，改善和调整都是在细节和流程层面。我们可以也能够在更高的层面来思考和规划，例如消灭饥饿、开发利润更高的小型汽车等，但是最终实现改善和调整的改变都是发生在流程层面的细节改变。

　　历史学家最终还是认为制造业的重大变革都是一个从量变到质变的过程。

　　技术和工业的历史学家不能仅将眼光放在伟大的发明家和制造业革命性的发展上，应该仔细研究年复一年的逐步创新、工程师的想法和技工的内心，不仅是在绘图室，还有车间。这样或许能够开始明白技术变革的过程。

　　　　　　　　　——帕特里克·梅隆（Patrick M. Malone），布朗大学[⊖]

- 如果目标是每天改善每个流程，那么套路会植入每天工作的流程中，不可分割，从而变成每天工作的方式。

- 因为人类不具备预测未来的能力，能够产生改善和调整的方法会是普适性的，也就是在任何时候都适用。这个方法和流程是确定的，但是内容并不确定。

- 由于人类的判断力并不准确，也不公平，只要有可能，这个方法应

⊖　Patrick M. Malone, Ph.D. (Associate Professor, American Civilization and Urban Studies, Brown University), "Little Kinks and Devices at Springfield Armory, 1982-1918," *Journal of the Society for Industrial Archeology*, vol. 14, no. 1, 1988.

该基于事实，而不是观点或者判断。换句话说，不会因人而异。

● 不管谁是这个组织的领导，改善的方法都应该持续。每个员工根据方法做事，而不会因为领导不同而不同。

在本书里，我们会仔细研究丰田的两个最基本套路（见图 1-5）。一个我称为改善套路（第三部分），丰田通过这个重复的模式来改善、调整和进化。这个改善套路完全符合以上所阐述的属性，提供了一个让员工高效工作的模型，也就是如何管理组织。另一个我称为辅导套路（第四部分），这个套路是丰田的主管和经理在组织内传授改善套路的模式。

图 1-5 丰田的两个套路

管理的挑战

我们所面临的挑战并不是让高层和经理们去实施新的生产和管理技术，或者新的原则，而是通过培养持续可重复的行为模式——套路，在组织内实现系统化的持续改善和进化。这个挑战更主要是如何管理和领导员工，和一直以来实施精益所做的努力有很大不同，可能需要调整我们努力实施"精益制造"的方式。

当提到标准化的行为模式的时候，有人会认为这会打击创造性和限制员工的潜能。事实并非如此，实际上我们会更具有创造性，更具有竞争力，更聪明，甚至更成功，因为这个模式可以通过激发和引导员工的能力而把工作做得更好。在模式的定义上，我们稍有不同。很显然，因为条件一直在变化，丰田的改善套路并没有确定内容，也不能。但是却确定了员工思考和行为模式，以应对不断变化的条件。

人类心理上的安全感和自信都源于可预见的模式（不断地重复做一件事情），心理学家阿尔伯特·班杜拉（Alert Bandura）称之为"自我效能"。虽然如此，我们做的事情却不可能维持不变，如果我们想要刻意地维持不变是会有问题的。因为这样的话会反应迟钝，陷入"救火"的情境。每一个组织的员工都可以自信和有效地应对不可预测和不确定的情况（也是正常的情境），因为他们从应对的过程中掌握了行为模式，也就建立了竞争优势。

丰田的改善套路是第二种模式很好的范例。它给组织的员工一个路径、一个方式去应对千变万化的情况，以获得成功。它告诉我们如何推进，却没有告诉我们具体的内容。这是一个截然不同的组织运营方式，可以帮助我们达到理想的目标。

在那之前，需要掌握现状：我们现在是如何管理组织的。

第二部分

认识自己

我们先入为主的假设、直觉和本能反应，以及培育以上种种的土壤（环境），是世界上最难发现的事情之一。我们现在的想法是什么？这些想法从哪里来？最后我们会采取什么行动？会有什么影响？

明白这些可以让我们有更好的立足点去比较、对比，更好地理解丰田的做法，从而提高我们的意识，设计出我们期望的组织运作方式。这正是第二部分的目的。

我们如何实现流程改善

在第 1 章最后所提到的，改善和调整发生在流程层面，也是成功的关键因素。但是我们是如何改善流程的呢？观察了很多工厂之后发现，大部分都是这些方式：研讨会、价值流分析，然后在这个基础上形成一份行动计划。

研讨会

改善研讨会是一种特别的改善活动，临时组建一个团队，关注一个特定的流程，通常会持续 1 ~ 5 天。研讨会被广泛使用，大受欢迎。丰田也会采用这种形式，但并不作为最主要的方式。

在第 1 章里讨论的，基于项目的改善活动只是在某个流程的特定时间点上发生，并不是持续的，而且只是特定的一部分人在参与。顾名思义，研讨会并不是我们所说的持续改善。关于研讨会，有几个很有意思的事。

- 实施 1 ~ 5 天的改善研讨会并不要求特定的管理方法，甚至不需要改变做事习惯就可以很容易地进行。这也许是研讨会广受欢迎的原因之一。

- 不管团队在研讨会结束的时候继续存在或者解散，我们都不得不接受"熵"会很自然地侵蚀所取得的成果。⊖

价值流图

这是一个非常有用的工具，帮助我们从跨流程的角度去观察物料流和信息流，以及前置时间。但是价值流里的前置时间是和库存相关的一个结果指标，而库存是价值流里面各个流程表现的结果。因此，如果想要缩短前置时间，就需要改善流程。

在之前的章节里面提到过，很多持续改善和调整都发生在流程层面。例如，画完价值流图之后，需要在流程层面（比价值流更深入的层面）实施改善套路（见图 2-1）。

价值流图可以帮助我们从整体上确保流程改善是否有效，但并不是流程改善的工具。

- 将各个流程有机整合起来，实现价值的流动。
- 与组织的目标保持一致。
- 满足外部顾客的要求。

如果我们将价值流图当作流程改善的工具，那么会出现以下问题：

- 价值流图会揭露出很多潜在的改善机会，但是很难确定哪些需要改善。没有聚焦确定的目标状态，在价值流里面盲目地解决问题，会分散有限的资源和能力。
- 价值流图的作用和必要性更多是在系统的层面，并不能够深入地解决流程中的实际问题。

⊖ 人类做事似乎就如化学反应，除非注入新的能量，否则激情会逐渐消散。改善也是一样，如果不坚持日常改善，动力也会逐渐消退，甚至停滞，而领导人的角色就是要来支援日常改善，确保加入新的能量，而非直接动手去做。——译者注

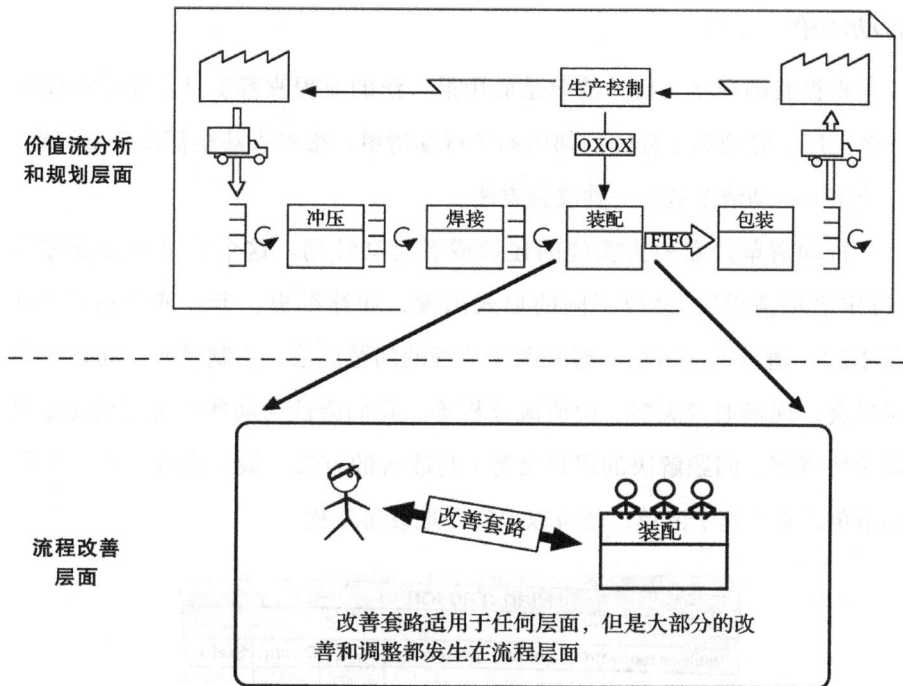

图 2-1 价值流和流程

对于价值流图来说，更有效的是以全局的视角去观察运营系统，本书的第三部分会详细介绍具体到流程层面的改善套路。

改善建议系统的状况如何？

对于改善建议系统的热情在逐渐消散，我现在很少见到制造企业还在真正实施改善建议系统。

我们常常听到丰田的人均改善建议数量和实施数量，但是不能以此类比。丰田的主管遵循改善套路来领导一线员工。在这个框架下，主管会主动地去听取员工的建议，然后在正式提交建议之前，辅导员工修正他们的建议。这个和一般的改善建议系统（如建立一个建议收集箱）目的完全不同。关于这个主题的详述可以参见第 7 章。

行动清单

根据我的观察，行动清单是应用最广泛的流程改善工具。几乎在任何一个工厂，经理和工程师们都依赖于行动清单。很多人甚至都没有意识到，在使用的行动清单就是一种改善方法。

行动清单是需要去实施的建议或者行动计划。这个清单也会被称为"待定事项清单"，会以不同的形式出现，如挂纸板、卡片或者白板（见图 2-2）。清单上的事项一般来源于流程的问题记录、头脑风暴、问题解决研讨会、现场浪费观察、价值流分析等。我们会认为那些改善行动（如现场浪费观察、问题解决的研讨会等）是改善的方法，最后也都会有一个行动清单。有了这个清单，就可以来实际地改善流程。

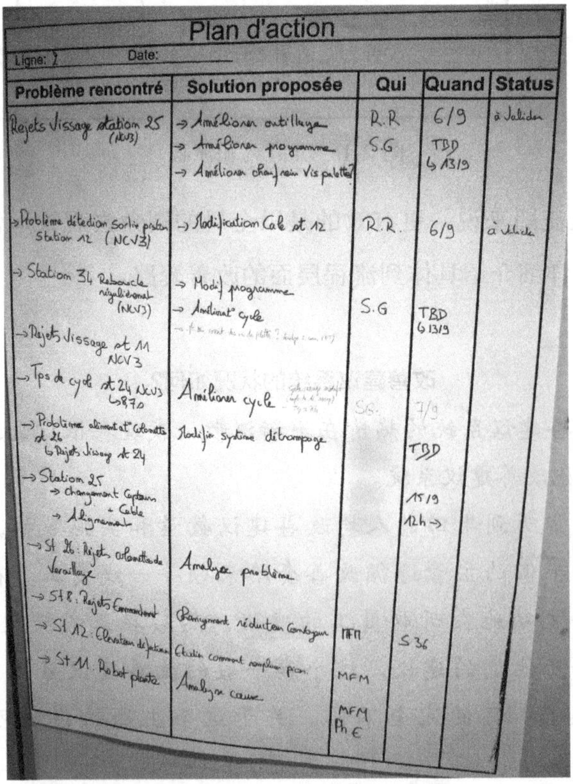

图 2-2　法国一家工厂的行动清单

简单来说，这个方法的运行步骤如下：

1. 当人们走访生产流程的时候，会进行现场观察，可以清楚地识别哪些是浪费，也可以发现很多问题、浪费和改善的机会。

2. 我们会将观察到的机会形成一个行动清单。

3. 也可能会通过投票或者预估收益的方式进行排序。

4. 相应的行动会确定相关的负责人或者负责团队，还有截止日期。

5. 然后经理就开始跟进谁负责做什么，什么时候完成，同时会确定定期的回顾会议，每周或者每两周，来检查每个人负责的行动是否按期完成。

如果想要确认这些观察的真实性，那么现场走访工厂可能是一个很好的方法。

采用行动清单方法会带来什么

1. **不怎么有效**。这个方法潜在的意思是，清单上的项目越多，流程中需要改善的地方就越多。清单越长，意味着会有越多的改善项目，我们会觉得有更多积极的事情在进行。在很多情况下，事实正好相反。我们做了很多事情，但是改善却微乎其微。

一旦读完本书的第二部分，你会发现这个清单并不是一个科学和有效的流程改善方法。它实际上是"无的放矢"地发射散弹（提出很多改善点），祈祷随机射中一些猎物。虽然很少有人愿意承认这点，但确实没在成本和质量上有很多改善。反而可以看到一些负面的影响，工厂到处都是低效和不稳定的流程。在很多情况下，"无的放矢"的方式造成了流程中更多的变异，而不是更少的波动和不稳定。

更进一步看，很多降低成本的项目都在讨论减少资源投入或者将生产转移到劳动力成本低的地方，而不是改善流程——真正制造产品的流程。

很多质量改善在讨论交付质量，通过更多的检验和筛选来提高，而不是改善制程本身，少制造一些有缺陷的产品。

2. 在黑暗中摸索。同时进行和导入很多行动项目，有时候甚至通过投票进行优先级区分，这说明我们并不清楚需要做什么来改善。更好的方式可能是简单一些，停下来，并告诉自己：我们还不知道应该做什么。相比假装知道要做什么，"我不知道"是一个完全可以接受的答案，虽然这是最难说出口的。

3. 问错误的问题。如果想要找到浪费或者改善的机会，然后建立一个行动清单，说明我们在关注这个问题：我们可以做什么来改善？这个问题实在太简单了，我们很自然地就会选择行动清单和"无的放矢"。更加聚焦的问题应该是：对于这个流程，我们需要改善什么？诚然，这是一个更难的问题。

举个例子来说。一个大型的汽车制造商在培训供应商开发部门里的年轻工程师。作为培训的一部分，每个工程师都会被安排到另一个供应商的工厂，去进行观察和分析，然后提交一个报告。

3个工程师走访完工厂后，分别提交了一个清单，里面都有三四十个改善点。但是第4个工程师只提交了8个改善建议，供应商开发部门的头儿非常生气："你的同事找到了40个改善点，你才只有8个？赶紧给我回去再看！"

正确的做法应该是截然相反的。他应该对那3个工程师说："每一个人都可以给出一长串的改善点清单，然后祈祷有些能够起作用。请回去再看一遍，然后只告诉我一两个或者最多三个供应商工厂改善点。"

更困难的是看得更深入，并理解我们需要做什么。

4. 太快提出对策。行动清单其中一个弱点就是在充分理解现状之前就想提出对策（见图 2-3）。建立一个行动清单，然后开始同时实施一些对策，本质上反映了一个不言而喻的目标——关闭问题。员工在"灭火式"地解决问题之后会受到嘉奖，虽然并没有分析问题的根源，甚至还没有理解清楚问题本身，结果就是很多时候问题又重复出现。

| 观察问题和浪费 | 太快！ → | 对策、观点或者实施清单 |

图 2-3　总想从问题直接跳到可能的解决方案

相反地，在丰田里面，流程改善的目的是学习，更深入地理解流程，然后从根本上改善流程。

当我们同时实施几个对策的时候，问题有时候会解决。这通常不是因为问题的根源已经被找到并解决，而是因为这个流程得到了额外的关注。甚至有时候刚庆祝了成功的改善，同样的问题又回来了。

5. 没有培养员工的能力。行动清单并没有有效地培养员工解决问题和改善的能力。

为什么行动清单还存在

在行动清单这个方法上，我们浪费了无数的时间。如果这不是一个有效的流程改善的方法，那为什么它还一直存在呢？我们为什么还会不断地建立这样的清单？

在前面提到过，其中一个可能的原因是，错误地认为有越多的改善点，我们就有越大的改善。另外一个可能的原因是经理们发现很容易将行动清单、相关定期的回顾会议和日常的工作计划结合起来。对于参与的人员，每个人都不需要改变日常的工作方式就可以参与其中。

这个清单同时让我们免于被责备。我们可以说"我及时完成了我负责的行动"，而不需要真正地去改善流程。目标就变成了完成任务，而不是改善流程本身。如果没有达到预期的结果，不是我的错，因为我已经完成了我的任务。

也有人告诉我说，一个长的行动清单可以显示我们多么有观察力或者多么聪明。

更有效的改善方式

清单导向的改善方式不仅效率不高，而且让改善变得更复杂和更困难。

为什么这么说呢？来看一下丰田是怎么做的。丰田教导员工一次只改善一个地方，然后看一下是否达到了预期的结果。虽然你有可能在同时改善好几个问题，但是有可能的话，每次只改变一个地方。丰田更喜欢这样的"单因素试验"，因为丰田希望员工能够看见和理解原因与结果之间的关系，这可以帮助他们更深地理解流程本身。研究丰田的这个改善战术带给我们一些有趣的发现。

- 当我们在流程中改变一个地方的时候，事实上就有可能建立了一个新的具有不同特征的流程。也就意味着，一旦我们实施行动清单里面的某一项，流程中其他的改善点可能已经不再适应新的情况或者优先级了。是不是开始理解"无的放矢"的方式（行动清单）是如何浪费我们的时间了？
- 在多个因素会同时改变的时候，会需要多因素实验（一般称为实验设计，DOE），但是只有一小部分质量方面的专家才能掌握这个方法。理想上，我们期望组织里面的每一个人都能参与到持续改善中来。从某种程度上说，单因素试验更容易让大家理解和掌握。
- 如果我告诉你，每次只能改变流程中的一个地方，你会怎么想？
  - 是的，太慢了。

  但是我们知道，丰田的改善比其他任何一个公司都快。那么"每次只改变一个地方"的做法意味着什么？

● 他们必须很快！

换句话说，如果用丰田的方法，不需要等到下一次每周或者每两周的回顾会议就可以检查结果。如果我们等到每次回顾会议的时候才检查，那么确实太慢了。我们应该尽可能地根据事实快速检查改善的结果，考虑下一步行动。不同于现行的研讨会和行动清单，这个方法确实需要经理、工程师和高层去考虑如何计划他们的工作日程。

改善不是一件容易的事情，但是也不需要将它复杂化。在学习完第三部分的改善套路之后，你也许会叫停所有基于行动清单的改善活动。同时你还会了解到还有一个更有效的方式去推进和领导改善活动。

Toyota Kata | 第3章

理念和方向

想要理解丰田的改善套路和辅导套路，需要深入思考丰田在以下两个层面是如何运作的：公司的经营理念或者目的和总体的方向感。

公司的经营理念

公司的经营理念在很大程度上决定了组织内每个人的思维和行动。这里所说的“经营理念”并不是展厅海报上那些漂亮的辞藻。我所说的是，如果你花一天的时间在一家工厂里观察员工在做什么，什么对他们来说是重要的，什么被拿来考核。进而思考对这家工厂而言，什么才是最重要的。正如丰田人所言：现场折射出管理水平。

对于很多制造型企业来说，公司的理念或者目的会像图3-1那样来描述。

多数制造型企业：
为客户制造好的产品

图3-1　典型的公司理念

这个陈述并没有任何错误。我们也来比较一下丰田的理念（见图 3-2）。

丰田：
通过改善和自我进化，形成一种为客户制造
好产品的生产方式，实现企业的永续经营

图 3-2　丰田的理念

虽然第一眼看到这两个陈述感觉非常类似，但两者有一个明显的不同。注意一下"改善"和"调整"在两个描述中的位置。在第一个理念中，"改善"和"调整"是一个"附加"，当我们有时间或者有特殊需要的时候才会考虑。在丰田的理念中，"改善"和"调整"被放在最重要的位置，也正是他们致力其中的事情。

这里有一些问题来帮助你思考改善在组织中的位置，也只有你能回答这些问题：

- 我把改善当成工作之外的"附加"，还是工作本身？
- 改善是定期的"附加"工作还是核心工作？
- 公司是否可以接受仅仅偶尔改善？

最后一个问题尤其可以帮助我们更好地理解。想象一下，当你走进一个经理的办公室说："我们在 X 流程上做了改善……然后下个月再看看哪里可以进一步改善。"通常这个可以接受。再想象一下，如果你这么说："我们现在的产量是 400 件 / 天……下个月我们再看看能不能再多生产一些。"这可能完全不被接受！从两种对话场景，我们就可以看出改善在公司中的位置。如果公司的理念是改善，仅仅定期改善项目或者召开改善研讨会是不够的。因为你可能只是偶尔改善公司的流程，比如某个改善研讨会。

在丰田，改善就等于管理，两者指的是一件事情。本书第三部分的改善套路可以看到丰田是如何日复一日地管理员工和流程的，而其他公司通常会把管理看作另外一件不同的事情。改善是在管理之外的"附加"。

非丰田的思维：日常管理＋改善

丰田的思维：日常管理＝流程改善

　　有趣之处在于，很多人可能会担心，会不会因为过度关注改善而影响了生产。由于我们已经习惯于关注结果，而非详细的流程，因而总会感觉丰田的做法是让我们放弃一些我们正在努力控制的事情。现行的管理方式更多的是关注指标和结果。相反地，如图3-3所示，丰田则认为，结果是由流程产生的，所以非常强调关注流程的细节。

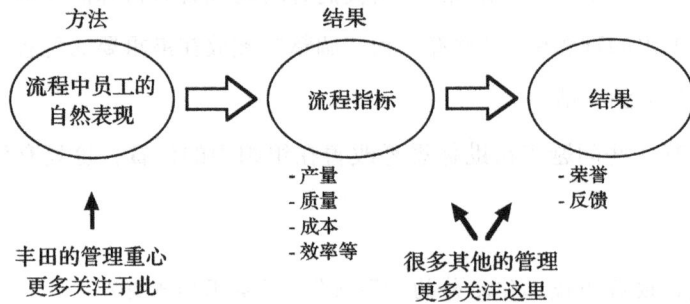

图3-3　通过关注方法来实现期望的目标

　　结果目标（例如目标产量）当然是必须要关注的，但是如果系统地通过实施改善套路来持续地改善流程，而不仅仅是偶然地改善，期望的结果会自然随之而来。例如，通过正确地运用改善套路，关注流程的细节，产量目标自然会达到。

　　下面的这个故事正好可以解释上面所提到的思维方式。第二次世界大战之前，丰田汽车的前身——丰田自动织机公司，其产品是自动织布机。丰田织机的创始人丰田喜一郎（Kiichiro Toyota，1894—1952）在得知有人窃取了丰田织机的产品开发方案和计划之后，回应道：

　　　　很显然，小偷可以根据开发计划制造出织布机，但是我们每
　　天都在修改和改善我们的织布机。当小偷按照计划制造出织布机
　　的时候，我们的产品已经领先一大步了。由于他们没有经历过开

发过程中的失败，在改善产品的过程中，他们会比我们花费更多的时间。因此，无须担心已经发生的事情，只需要专注于持续地改善我们的产品。[⊖]

精益价值流等于精益制造吗?

很多年以前，我拜访了一家表面上在实施精益的汽车配件公司。实际上，这家公司价值流的前置时间（lead time）也确实非常短。它的策略包括以下几个方面：

- 聘请刚毕业的高中生，离职率很高，但是很年轻，成本也很低。
- 由于小时工资较低，可以增加 40% 的操作员数量。由此，虽然流程中有很多问题和等待，但是仍然达到预期的产量目标，也不需要额外的管理人员。生产线上有额外的员工，彼此之间会自发地"解决"问题（并没有消除根本原因），达到产量目标。
- 扁平的组织结构，更少的管理层级。
- 由于每个工序都能完成产量目标，库存水平也很低，价值流的前置时间也很短，也只有很少量的成品库存。

低库存、扁平的组织结构、很短的价值流前置时间，听着很精益吧？但是"问题"在这里，日复一日，同样的问题不断重复出现，员工们也对此习以为常。这也就意味着这家工厂在原地踏步，完全没有任何改善和进步。这可能是丰田最惧怕的境况。

诚实为要

我们在前面讨论了公司的目的或者经营理念，是因为很多公司都想从这里开始来学习丰田。讨论到这里，需要思考一下你真实的想法：**你公司**

⊖　"Open the Window. It's a Big World Out there! The Spirit and the Ideas That Created Toyota," pamphlet published by Toyota Kaikan, Toyota Motor Corporation, October 1993.

真正的经营理念是什么？

当我们讨论为客户提供价值和持续改善的时候，很多人实际上都在关注短期利益。很多公司潜在的经营理念就是生产更多产品、销售更多产品，或者醉心于玩弄权术，避免犯错，隐藏问题，以获得晋升，而不是提高绩效和持续改善。

方向

有改善的理念或者改善套路很重要，但是还不够。理想上，行动具有两个属性：方式（形式或者套路）和方向。例如，很多人都会说，改善（或"精益"）就是消除浪费。这样说基本没有错误，只是太简单了。"改善就是消除浪费"会带来负面的影响：很难确定什么比较重要，更需要改善。总是倾向于在某个局部实现效率最大化，将浪费从一个地方转移到另一个地方，并不能从整体上提高效率。

一个经典的案例就是物料搬运。在消除浪费的要求下，通常会有这么个主意：以更小的容器将物料运送到生产线。小容器的作用是可以将物料摆放到操作者的手边（拿物料的时候更少的走动和移动），也可以放置更多种类的物料（生产不同产品的时候就不需要更换物料）。通常来说，供应商都是用大托盘送货，然后用叉车送到生产线上。

这时候物流经理通常会跳起来说：等等，我们先搞清楚情况。我们部门也需要考核生产效率，然而，你却想让我们将物料从大托盘分装到小容器里面，然后用叉车将小容器送到操作者手边。由于操作者手边能放的物料并不多，势必会造成每次送货的批量也变小，每个班次就要送很多次物料，而不是像现在，只要送一次或者两次。我们都知道"精益"就是消除浪费，而那些额外的搬运是不增值的工作，肯定是浪费，因此，这绝不是一个精益的解决方案。

我遇到过很多次这样的辩论，通常都是不断地讨论来讨论去。结果也总是更会辩论的那一方获胜，然后暂时确定了方向，直到下一个更会辩论的人出现。有时候也用看起来比较系统和科学的方式——投票来决定。这样去寻找"合适"的解决方案，实际上会造成组织在方向上摇摆不定，从一个解决方案跳到另外一个解决方案。有时候还会聘请外部的咨询顾问来扮演专业的"坏人"，由他们给出一个明确的答案，或者作为"替罪羊"。

在这个情况下，到底谁是正确的呢？想要更小容器的生产经理，还是不想做更多搬运工作的物流经理呢？在简单的"精益就是消除浪费"的概念下，两个人都没有错。这里缺失的是关于方向的概念。虽然我们会认为调整（adaptation）在本质上是事后的应对措施，但这也是前行的必经之路。自然界的进化（evolution）并没有一个确定的方向或者特定的边界，但是对于人类组织中有意识的调整，需要有一个长远的愿景——我们希望到哪里去。我们不能决定是否需要调整，但是可以选择或者确定这个方向。从时间上看，愿景是比你的职业生命周期，甚至比 50 年更长远的目标（见图 3-4）。

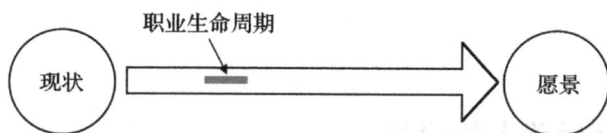

图 3-4　愿景指引方向

要注意的是，愿景或者方向并不是一个简单的定量的目标。愿景是希望在未来能够实现的一个状态的描述。在本书中，持续改善和调整是这样定义的：**根据实际情况迅速反应和应对，克服不确定的困难，达到预期的状态。**

在处理烦琐小事的时候，不要忘记思考大事，只有这样，所有这些小事才能有正确的方向。

——阿尔文·托夫勒（Alvin Toffler）

愿景或者方向可以帮助我们聚焦思考和行动。如果没有愿景或者方向，每件事情都会被单独地评估，而不会被看作通往愿景的曲折道路中的一部分。

虽然如此，但如何定义愿景和方向可能会比较棘手，甚至是危险的。例如：

- 虽然我们不能预见未来，但是基于现状、竞争力、产品或者技术来确定的愿景会在很大程度上限制我们未来的发展。因此，愿景更应该关注客户、广义的客户需求，而不是我们自身。
- 如果愿景是保护现在的圣牛[一]，那么在指引方向上，这个愿景通常没有什么作用。

丰田汽车公司早期的愿景就是一个例子："给更多的人提供更好的汽车。"[二]它虽然有用，但有过多限制。这个愿景/方向可以带领一个汽车制造商做什么呢？带着这个愿景再对比一下丰田现在的市场位置、全球表现和产品。

丰田在生产运营上的愿景

如图 3-5 所示，过去几十年来，丰田在生产运营上一直追求的愿景由以下几个方面组成：[三]

- 零缺陷；
- 100% 的增值时间；

[一] 圣牛一般指神圣不可侵犯的人或者事物，这里指守旧，维持现状。——译者注
[二] 对于 21 世纪的交通方式，这或许已经不是一个有效的愿景。
[三] 在早些时候，这个生产运营的愿景也会这么表述："最好的质量、最低的成本、最短的前置时间。"

- 根据需求的顺序单件流；

- 员工的安全。

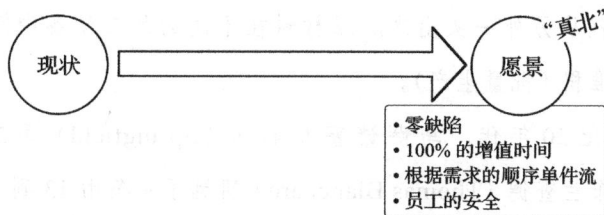

图 3-5　丰田生产运营的愿景

在全价值流中实现最高质量、最低成本和最短前置时间的制造方式被丰田当作理想的状态。近年来，丰田开始将其视为生产运营的"真北"(true north)，也可以这样来表述这个生产运营的愿景："最低成本的单件流（从 A 流动到 Z）"或者"一个连续流"。我们可以注意到，丰田的愿景不仅是一个财务数字，而且描述了一种状态。

什么是单件流?

理想中，单件流指的是零件从一个增值的作业步骤直接流动到下一个，最后直接到顾客手中，步骤中间没有任何的等待时间或者批量作业。很多年以来，也一直被称为"连续流生产"。因为有很多公司会指着有传送带的生产线说：你看，我们也有连续流，所有的东西都在移动。所以如果用"单件流生产"的话，就没有那么容易有这样的误解。

本书也会用丰田的生产运营愿景作为例子，但这不是一个新的概念，也并不是来自丰田或者日本。顺序和单件流生产的概念由来已久，几个世纪以来，流动的概念都在反反复复被提及和应用。例如：

- 16 世纪中期，威尼斯人（Venetian）的兵工厂为大规模制造战舰设计了一套生产系统：通过标准化的零部件和顺序生产的生产线实现每天制造一艘战舰。

- 18 世纪后期，奥利弗·伊文思（Oliver Evans）研制了一条连续的面粉生产线，将设备和传送带按顺序连接起来。谷物从一头倒进去，面粉就从另外一头出来。原材料在不同的加工设备中间连续流动，没有堆积（批量生产）。

- 19 世纪 20 年代，马萨诸塞州春田（Springfield）兵工厂的托马斯·布兰查德（Thomas Blanchard）研制了一条由 13 到 14 台设备按顺序组成的生产线，用以生产枪托。

我的同事格尔德·奥林格（Gred Aulinger）更加深入地研究了单件流的应用，有一些更深入的洞见。例如：

- 在 19 世纪，如果想要欣赏施特劳斯（Strauss）演奏的华尔兹，需要邀请他到你的住所去。后米，随着科技的发展，我们可以去商店里买录影带或者 CD。今天，我们的 MP3 播放器可以从网上下载音乐，不需要付现金，通过信用卡就可以实现自动扣款。

- 在 15 世纪之前，如果想要拥有一本书，需要有人用手抄写。后来，古腾堡（Gutenberg）开始印刷书籍。接着，出版社出现了，你可以在书店开门的时候去买一本书。现在，你可以随时在网上订购，下载到阅读器上或者打印出来。

- 以前我们通过骑士策马送信，然后有了邮车，再之后邮差每天会送信到你门前的邮箱。现在，我们可以随时通过手机、邮件和 Skype 进行沟通。

但是，我们发现还是有很多公司在不停地争论，是否需要接受单件流的趋势——好像他们有能力控制这个趋势似的。

当我第一次看到丰田的真北愿景时，我觉得我好像发现了一个错误，迫不及待地告诉他们的一个员工："100% 的增值工作是不可能实现的，当你将工件从一个工序移动到下一个工序，这就是浪费！"这个员工淡然地回答我："是的，我们的真北愿景只存在于理论上，也实现不了，但是没有关系啊。对我们来说，那是一个方向的指引，我们不会浪费时间去讨论它是不是能够实现，我们会花费时间和精力去研究如何向它更靠近一步。"

换句话说，虽然看似困难，但这个充满挑战的愿景是可以被接受，甚至是被渴望实现的。

丰田员工的话让我想起了一个故事：一只饥饿的老虎在追赶两个人，其中一个人停下来穿上了跑步鞋，另外一个惊讶地问："你在干什么？难道你没看见老虎赶上来了吗？"第一个人回答道："我知道啊，我只要跑得比你快就没事了。"这也正是丰田愿景中的一部分。毫无疑问，丰田离它理想中的愿景还有很远的距离，但是只要产品是顾客需要的，领先于其他竞争对手，就能赚到钱存活下来。对于制造商来说，其中一个关键点就是在这个方向上要领先于竞争对手。

所有工作都朝着愿景方向不断改善是引领丰田制造发展的明灯，从未改变。无论哪位领导人在任，丰田都始终如一地秉承，致力于不断改善的公司生存之道。

> 丰田的重点也在发生变化，之前关注提升产能和基本的制造技术。20 世纪 50 年代生产扩张，丰田开始关注如何开发出一套集成的大批量生产系统，可以尽可能地从锻造或者压铸连续地流动到总装。
>
> ——迈克尔·库苏马诺，《日本汽车工业》

丰田朝着这个真北愿景前进的道路绝不是平坦笔直的，但是，经历 50 多年坚持不懈地聚焦，丰田在消除浪费和改善价值流方面已经取得了绝对领先，而且还在不断进步。

愿景是总体方向的指引者

丰田的生产系统一直朝着"完全同步，没有浪费的单件流"的方向在前行，实现了高质量和低成本。但是我们如何让一个有几百、几千，甚至几万人的组织都坚持不懈地朝着这个愿景努力呢？我们没有简单的办法可以在明天就实现低成本、同步一致的单件流。事实上，跳得太远太快，削减太多库存，迅速将工序合并，都是非常危险的。愿景是遥远的，实现的道路也很漫长、曲折、不可预测（见图3-6）。我们如何找到并遵循那条道路前进呢？

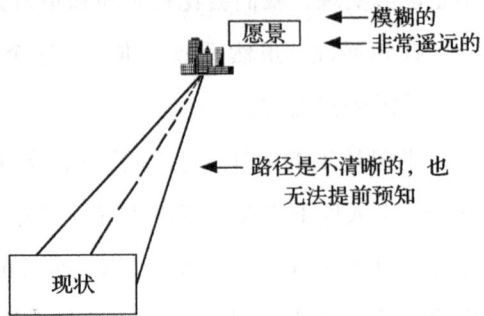

图 3-6 愿景主要是方向指引者

目标状态

丰田通过不断地实现所谓的"目标状态"，从而更接近愿景。无论愿景多么遥远，遍布整个组织的丰田人都会朝着这个方向去设定目标状态，然后努力去实现（见图3-7）。目标状态通常是比现状更高一些，也就是离愿景更近一步。相比遥远和模糊的愿景，目标状态在短期内可以实现，也更加具体。但是，同愿景一样，目标状态并不是财务或会计上的数字，而是一种状态的描述。

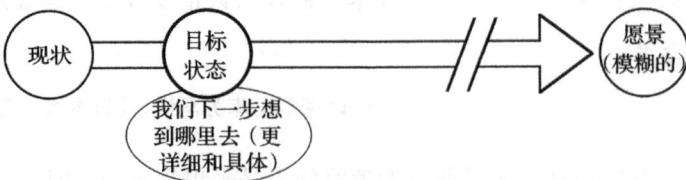

图 3-7 目标状态是当前行动所能达到的状态

目标状态一旦确定，就如耸立的灯塔，不能轻易更改。如何达到目标状态是不确定的，这是人类所擅长的地方：卷起袖子，找到合适的资源，创造性地实现更高的绩效水平。这也正是套路的精髓。目标状态是丰田改善套路的一部分，我们会在第 5 章详细阐述。

用方向感来管理员工

丰田是如何借助生产运营的愿景来管理员工的呢？以下的例子可以帮助我们理解。

例 1：传感器线缆

我们曾经拜访过一家生产汽车制动防抱死系统（ABS）传感器线缆（一端是连接器，另外一端是传感器）的工厂，发现装配线上的生产批量是一周。这就意味着先连续生产一种产品 5 天，然后换型，生产另外一种产品。但是，通过简单计算就可以了解到：生产线有足够的产能来实现更多的换型，从而减少生产批量。装配线可以设定目标状态为生产批量 1 天，而不是 5 天，甚至都不需要缩短换型时间就可以实现。

回到会议室，我们和管理层提出这个降低生产批量的改善。小批量生产的好处显而易见：更接近于单件流，更低的库存，更少的浪费，更快地响应客户要求，更少的隐藏质量缺陷和返工，看板系统可以就此运用等。

几乎是同时，装配经理立刻回应："我们做不到。"然后开始解释为什么，"线缆产品是汽车安全系统的部件，每次换型我们都需要做好相应的记录，以保证可追溯性。另外就是我们需要等待质量部门完成首件检验才能开始生产。如果将生产批量从 5 天降低到 1 天，会增加这些记录工作，同时等待首件的时间也会增加 5 倍。这些额外不增值的工作也是浪费，也会增加我们的成本。我们也知道精益就是消除浪费，所以降低生产批量不是一个好主意。"

厂长也表示同意。这和丰田的方式有明显的不同。丰田的厂长会对装配经理这么说："你是对的，额外的记录工作和首件检验是阻碍我们降低生产批量的障碍。谢谢你提出来。但是降低生产批量并不是可选项，也不需要讨论。因为这样可以让我们离单件流的愿景更近一些。与其浪费时间来讨论是否需要降低生产批量，不如将我们的注意力转到如何消除这些障碍上。请你去观察一下记录工作和检验流程，之后回来向我报告你看到了什么。然后再提出你的建议，我们要怎么做才能降低生产批量，同时不会增加成本。"

成本 / 收益分析的不同用法

正如传感器线缆案例所描述的，没有方向的指引，我们倾向于孤立地评价一个方案，这会造成组织中很多问题会翻来覆去地发生，然后四处寻找解决方案，看谁说的最有道理……

如果没有方向的指引，我们会倾向于孤立地用短期的成本 / 收益分析（cost/benefit analysis，CBA）来做决策，而不是在既定的方向上不懈努力。你经历过多少次这样的情境：主意还没成型，就被这个问题扼杀在摇篮里："有财务收益吗？"

丰田一样会用成本 / 收益分析，只是方式有些不同。我们用成本 / 收益分析来决定要做哪些事情，而丰田用它来决定下一步需要做什么。比如用成本 / 收益分析来帮助团队确定如何实现目标状态。在丰田，成本 / 收益分析不是用来决定是否要做什么，更多的是用来决定如何去做。

传统：成本 / 收益分析决定方向，不管想要做什么："这个方案成本太高了，考虑做别的。"

丰田：成本收益分析帮助我们决定需要做什么才能实现目标状态："这个方案成本太高了，那我们需要努力找到成本更低的方式来做。"

千万不要认为丰田会不惜成本来实现目标状态。反而，丰田有非常严格的预算和目标成本。要点是首先决定需要到哪里去，然后思考如何在现有财务和资源限制下去实现。愿景就是在这个时候提供方向指引。不要让财务计算来决定方向，不然组织就会变成自我导向（inward looking），而不具备自我调整的能力，在具体的事情上摇摆不定，而不是坚定地朝着某个方向前行。然后也会倾向于寻找和实施已有的方案，而不是努力找到一个新的、更有效的方式。盈亏平衡点是一个因变量，而不是决定方向的自变量。

例 2：新的生产流程

当我们设计一个新的装配线，通常会有若干不同的选择。例如，可能有一个全自动的、半自动的，或者手工装配的装配线。当我们对这些方案做成本／收益分析——投资回报率（ROI）计算的时候，通常全自动的方案会获胜。当生产线投产之后，总会有各种抱怨，自动化生产线并不符合我们的实际需求。

如果是丰田，它会选择一个不同的路径。首先，确定想要到哪里去。在这个例子中，就是到底什么样的生产方式适合我们的实际情况。全自动、半自动和手工装配线都有各自的优势，这取决于不同的实际情况，而且它们都可以是一条"精益生产线"。在新产品投产的初期，产品配置可能会更改，销售也可能和我们的预测不一致。在这种情况下，可以从更柔性的手工装配线开始，等产品稳定，销量上来之后再从手工装配线升级到自动线。

回到成本／收益分析，也许分析会告诉我们手工装配线的方案太贵了，但按照丰田的思考方式，这并不意味着手工装配线的方案被否决了。手工装配线已经被确定为目标状态，那就不会轻易改变。丰田的管理人员会这么看待成本／收益分析的负面结果：还需要更多的努力，将手工装配线的成本降低到目标以内。他会要求工程师削尖他们铅笔重新设计，不断改善，直到达到成本预算的目标。这个时候，方向就可以帮助我们管理团队——激励工程师重新开发一个新的生产流程。

回到原点

在本章的最后，有一个很重要的观点，就是不要在对标别人的做法上面花费太多时间，即使是丰田。你自己才是标杆：

- 你现在在哪里？
- 你想到哪里去？
- 哪些障碍阻碍了你？

例如，如果你发现你的技术支持团队对设备问题的反应不够迅速，你可能想的是："我想看看丰田是怎么做的？"或者你可以回归原点："我们希望技术团队的反应速度多快？要做到的话有哪些困难？我们需要做什么才能实现这个目标状态？"

切记，公司的竞争力和生存能力源于员工的竞争力——理解现状并找出解决方案的能力，而不在于解决方案本身。

在产品和服务上，不需要完美，只要比竞争对手领先就可以了。

起源与影响：现代管理方法

很多现代管理学的框架都源于美国 20 世纪 20 年代的汽车工业，温故而知新，让我们来简短地回顾一下当年的两大巨头——福特汽车和通用汽车的历史。[⊖]

福特模式（1906 ~ 1927 年）

在追求单件流这个理想状态上，福特汽车显然领先于丰田汽车。在 20 世纪早期，在西方制造业中，福特是最后一个关注和坚持"相连的流动"的公司。[⊜]请注意，我刻意在这里用相连（contiguous），而不是连续（continuous）。

⊖ 当你在阅读本章的时候，请记得无论我如何深入地分析，保持不偏不倚，历史回顾都是一种修正主义，这里也不例外。

⊜ 作者在这里特意用了"contiguous flow"，而不是"continuous flow"，以区分流程中间有明显界限的流动和没有界限的流动。——译者注

制造过程中的流动试验

每个人都听说过，福特在密歇根州的高地公园工厂生产 T 型车的移动装配线。但是早在 1908 年，生产 T 型车之前，福特就已经开始导入连续流的试验。

在 1906 年，为了满足不断增长的 N 型车的需求，福特的工程师在发动机和传动系统的制造过程中，开始将设备按照工艺路径来布局，而没有按照当时最流行的工艺专业化布局。例如，如果零件需要热处理，那么热处理炉会在前后工序之间，而不是在另外一个集中的热处理区域，结果大大提高了生产率。在这之后的一些年，福特努力将顺序生产的概念应用在很多其他的制造流程上。

在那个时候，福特大部分的装配流程（如发动机、传动系统、轮轴、发电机、仪表板和总装等）都是在一个固定的工位上完成的，由一个工人完成所有的零部件装配。即使到 1910 年，福特将生产和总装搬到高地公园工厂的时候，主要的装配流程还是维持着这个状态。

顺序流动的装配线

直到 1913 年，高地公园工厂仍然不能满足 T 型车快速增长的需求，新车下线的速度怎么也赶不上订单的速度。福特的工程师不得不想尽办法来交付手上的订单，在发电机的子装配线上，建立了第一条顺序移动的装配线。经过几个星期的试验和优化，这条线的生产效率提高了 4 倍。

可以想象，当时工程师们对于这种顺序流动（通常是基于传送带）的装配线的热情。工程师们迫不及待地将这种方式推广到高地公园工厂的其他流程上，包括著名的总装线。

将所有的流程集中

1913 年年底，福特高地公园的情况大概是这样的：上游的零部件制造流程（如冲压、机加工等）大体上都已经按照制造的流程来布局。如图 4-1 所示，大部分的下游制造工序（如发电机、总装等）同样也已经按照顺序流动的生产来布局。

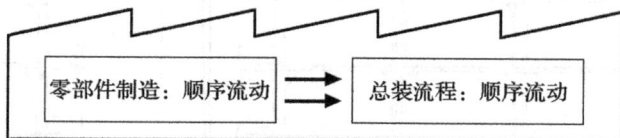

图 4-1　零部件制造和总装流程

需要注意的是，当时只有 T 型车一种产品在生产，也就是说不需要任何的换模。除了少数的一些车身件不同，每辆 T 型车的其他零件都是一样的。

这种情况下福特的下一步行动会是什么？

在零部件制造和总装取得成功后，同时也只有一种产品在生产，福特的工程师很自然地将流动的生产做如下结论：为什么不从原材料开始到成品都实现相连的流动（contiguous flow，见图 4-2）呢？

图 4-2　将所有工序都连接起来，形成一个流

虽然不能回到 T 型车的年代去访谈福特的工程师们，但他们也给我们留下了一些关于他们的想法的史料：如仍然伫立在高地公园工厂的六层楼厂房。高地公园工厂的这些厂房（其中一个的立面图如图 4-3 所示[⊖]）建于 1914 年，而 T 型车在那里一直生产到 1919 年。

___

　⊖　该立面图的出处是：Horace Lucien Arnold and Fay Leone Farote, *Ford Methods and the Ford Shops* (New York: The Engineering Magazine Company, 1915)。

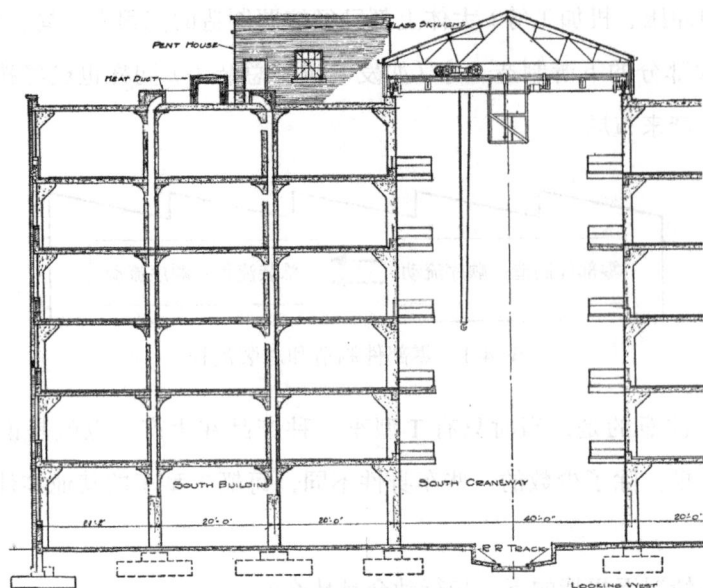

图 4-3　福特高地公园工厂六层厂房的立面图

这些独一无二的厂房隐含的概念是：底层是总装线，子装配和零部件制造在上面的楼层。在那个年代，原材料是通过铁路运输进来的。从主视图中也可以看到，轨道连接着厂房中央的吊车井。吊车将物料从车厢里吊起，运送到各层在吊车井里的"阳台"上。

福特当时的总结构工程师爱德华·格雷（Edward Gray）先生这样描述当时物料运送系统的设计：

> 这些厂房的各楼层上有上千个孔，零件从顶层的原材料开始，利用重力通过坡道、传送带或者管道到达各楼层，加工完成后抵达底层的总装传送带上。⊖

在为了写本书而做研究的时候，我的同事吉姆·恒泽格（Jim Huntzinger）和我开始着迷于高地公园工厂的这些六层楼厂房，尤其是关

⊖　Testimony of Edward Gray, Ford Tax Cases, 1927, page 1241。

于这一段的描述。当我们在底特律公共图书馆的福特税收文件中读到爱德华·格雷的这段陈述时，就认为只有在厂房里面找到这些孔，才能证实当时福特 T 型车的工程师确实在追求"相连的流动"。

福特的工作人员陪我们到那些已经废弃的六层楼厂房实地去寻找那些孔，却没有找到一个孔。可想而知当时我们的失望之情。幸运的是，同行的爱德华多·兰德（Eduardo Lander），密歇根大学的博士研究生，忽然意识到：这些厂房已经有 90 年的历史了，中间肯定经过很多次的修整。我们应该去看天花板，而不是地板。抬头一看，那些孔果然还在。

福特的六层楼厂房试验最终并没有成功，这个概念也没有得到推广。我们可以推测吊车井里面的两个吊车（用以从火车车厢里吊卸物料）会是一个严重的瓶颈。通过钢筋混凝土楼板中的孔来运送物料的方法也没有足够的灵活性，一旦机器的布局发生变化，就需要封堵住一个孔，同时用风镐再开一个孔。

高地公园工厂的价值流内部同样存在很多在制品（在不同的传送带、滑槽、滑轨和辊筒等之间），通常是在不同的工序之间或者工序内部转运的物料。福特离从 A 到 Z 的单件流生产还有很长一段距离，但是有一个关键点不能忘记：福特汽车在早期持续地改进生产流程，追求理想的连续流生产，不管是不是有意识，都已经在用愿景和过渡的目标状态来确定所遇到的障碍，从而想办法克服，而不是绕开。这和丰田的改善套路非常类似，用一个长期的愿景和过渡的目标状态来管理团队，推动组织向前（见图 4-4）。福特的故事已经讲了很多遍，但是从管理和组织行为的角度来看，我们并没有找到关键点。

流动试验的终结

在六层楼厂房之后，福特在红河（River Rouge）工厂做了一个更大的尝试：通过集成和水平的布局，将从原材料开始到成品的流程全部连接起来。T 型车从 1919 年到 1927 年在那里完成生产，但是从 20 世纪 20 年代中期开始，消费者不再满足于只能买到 T 型车。产品的种类开始多样化，这样每个车型的生命周期就会缩短。

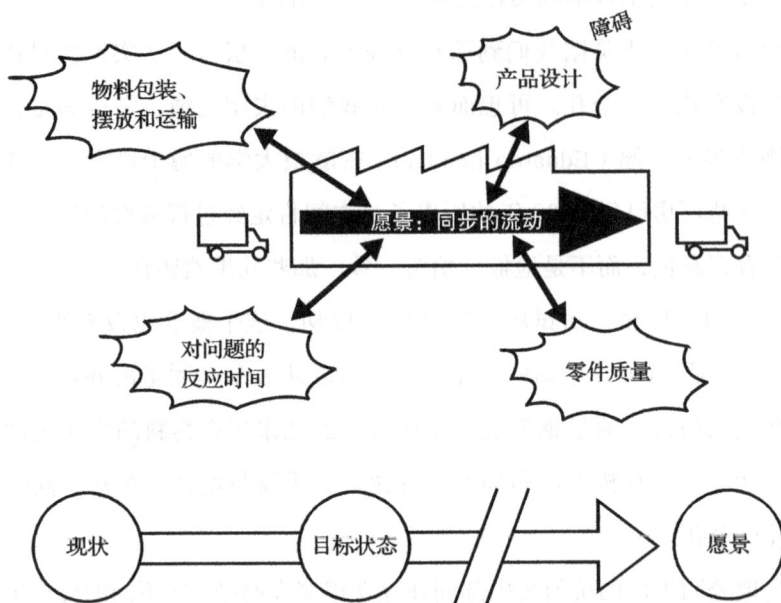

图 4-4　福特在早期应用了愿景和目标状态，类似于丰田的做法

　　和只生产 T 型车相比，这两个新的需求（更多的产品类型和更短的生命周期）让生产同步地流动更困难。价值流里的一些流程现在需要换模，生产不同的零件。比如，生产曲轴的设备之前只需要为 T 型车生产，现在需要为不同的发动机生产曲轴。理想状态是，发动机装配线换型的时候，生产曲轴的流程同时换模。但这是非常困难的，因为一个机加工的区域会给多个装配线供货，而且其换模时间也更长。

　　在这种情况下，会只剩下两种选择。比较有挑战的选择是继续追求相连的流动的愿景。要实现连接的同步流动，需要克服很多拦在路上的困难和障碍，找到新的解决方案。另外一个容易且快速的选择就是，不再追求同步的连续流，将价值流的流程拆开，以"孤岛"方式⊖来运作。

　　⊖　工艺专业化。——译者注

在 T 型车之后，大部分制造商都选择了第二种方式。除了产品多样性的增加之外，另外一个让汽车厂商做出这个选择的原因是：在 1924 年左右，美国汽车工业的产能基本追赶上了订单的需求，不再供不应求。显然，追求进一步的流动和提高生产率的需求不再那么迫切了。

另外一个原因就是通用汽车提出了一个管理方法和方向，大家不再效仿福特。当 T 型车的时代逐渐成为过去，人们也就不再努力去实现工厂的流动，一同逝去的还有相关的改善套路和行为方式。由此，相连的流动的梦想开始休眠，直到 1950 年被丰田重新掀开"盖头"。

通用汽车模式（1920 年至今）

新的管理方向

福特早期主要都在追求连续流生产的愿景，没有花多少时间在产品开发上，也没有从系统上去思考如何组织和管理公司。通用汽车则在开发系统的管理和组织架构上花费了大量精力。我们在这里讨论的概念来自于通用汽车那时的（新的）管理方式。很多在大中型企业有过工作经验的人会觉得非常熟悉。

收益率作为决策的依据

在投资决策上，通用汽车的财务部门依赖于收益率分析（成本收益分析或者投资回报率分析）。预期的收益决定了财务上的选择，和福特早年的想法相反。福特更关注如果要实现理想状态，需要做什么。

换句话说，赚钱成为业务和工厂的愿景或者总体方向。我们不再朝着一个方向前进（朝着愿景的方向，不断地实现目标状态），而是让收益率来判断和选择。

在商业判断上，没有任何一种财务准则比收益率更有帮助。

我们不是要制造汽车，我们是要赚钱。

——阿尔弗雷德·斯隆
通用汽车总裁，1923 ~ 1937 年
首席执行官，1937 ~ 1946 年
董事局主席，1937 ~ 1956 年[⊖]

最大化局部流程的产出

看起来，通用早期认为可以通过增加生产数量和提高设备利用率来实现低成本。管理层开始以单独的部分或者部门的视角来看待价值流，将每一部分看作"孤岛"，然后激励它们尽可能更多和更快地生产。这样管理会计上计算的成本就会降低（价值流的某个部分或者部门中，每个人每个小时生产的产品数）。

基于管理会计的数据，建立中心规划和控制

通用汽车导入了一个去中心化的运营组织架构，但同时建立了更加中心化的运营决策和控制。为各部门设定定量的目标，并要求向上汇报各指标的绩效，实现中心化的控制。决策非常依赖管理会计的分析结果。

> 通用汽车在影响消费端上面也有一些广为人知的实践，包括对消费市场进行细分，对每一个细分市场提供特定的产品线，每年更新产品，特定的市场策略，以及为消费者提供贷款。由于本书是关于组织管理的，因此我会从管理端去讨论通用汽车内部的转变。

意料之中和意料之外的影响

通用汽车新的管理方法带来戏剧般的积极结果。它帮助通用汽车获得了巨大的成功，一跃成为世界上最大的公司，同时给商业管理领域带来了

⊖　Alfred P. Sloan, Jr., *My Years with General Motors* (New York: McFadden-Bartell, 1965).

非常深远的影响。在过去的数十年间，通用汽车的管理方法被广泛传播，被无数公司采用，在 20 世纪 50 年代成为美国甚至全世界各公司的普遍做法。如今它已经非常普遍，甚至都不会被注意到，好像理所当然应该这么做一样。

对于以上段落的陈述，有一个限制条件：通用汽车的管理方法在 20 世纪 60 年代的市场条件下取得了巨大成功。在后来不同的条件下，同样的管理方法就没有如此成功。

我们来看一下通用汽车的三个概念给公司的管理带来哪些影响。再啰唆一下，对于在大公司工作过的读者来说，以下的内容会很熟悉。

用收益率作为决策依据的影响

在成长型的市场环境下，有很多的业务机会可以选择，通用汽车基于收益率（公式计算）的决策方式确实非常有效。但是在今天这样一个低增长或者竞争激烈的市场环境下，就不那么管用了。

美国的汽车行业在早期的时候，整车厂有很多选择，通用汽车在某种程度上可以在不同的选项中做抉择。但是在低增长的市场，已经存在很多竞争对手，那些马上能够获利的机会——唾手可得的果实已经不复存在。在这种情况下，管理层的任务更多是培育一个有潜力的流程、产品或者机会，努力使其盈利，而非从众多直接获利的机会中做选择。

通用汽车的投资回报率（ROI）方法更多的是用于选择，而不是改善和调整。例如，在 21 世纪后期，底特律的汽车公司一而再、再而三地决定放弃大举进入小型车市场，尽管小型车市场增长显著，但是，因为从投资回报率的计算预测，小型车产品不能盈利。虽然媒体一直在批评这些管理者的决策，但是在某种程度上又错怪了他们。因为依照他们当时使用的管理系统，管理者做出了合理而且正确的决定。

相反地，即使在开始的时候投资回报率的计算结果显示不能盈利，丰

田也会让员工关注应该做什么才能实现目标状态，并系统性和创造性地在
具体的流程上努力。在前面的章节也介绍过，丰田是用成本收益分析的方
法来低成本地实现目标状态，而不是用来决定方向或者选择做什么。

更进一步，如果我们在每个决策和步骤都应用投资回报率分析的话，
那么结果会是局部最优的。根据系统工程学的理论，在局部实现最优不一
定能实现整体最优。

需要注意的是，当我们在丰田和通用之间做这些对比的时候，并不是
在评判孰优孰劣。两种方法都代表着他们在汽车工业不同时期、不同条件
下的应对。更重要的是要理解两种方法对组织的长期影响。

最大化局部产出的影响

追求最大化局部产出，譬如，分别对每个步骤都计算每小时每个人的
产量，会对价值流产生以下影响。

- 每个流程或者部门会尽可能生产得更多或者更快，从而造成和下游
  工序彼此割裂。
- 由于换模会影响生产效率，自然而然，大家会倾向于更大的生产批
  量，以减少换模。
- 价值流的下游工序并不需要所有零部件都被快速生产出来，因此这
  些零件就会被作为在制品存放在仓库里（库存在管理会计系统中被
  计算为资产）。
- 当下游工序最终要用这些零件的时候，会发现有不良品，但是已经
  没有办法去追溯缺陷的根本原因，因为零件是在很久之前生产的，
  当时造成这些缺陷的生产条件已经发生了变化。

这种情况反复不断地出现：产品通过价值流的前置时间通常都是用天
或者周来计算的，但是总的增值时间却只有几分钟。有趣的是，当我们提

高生产速度以提高每小时每个人的产量时，只是减少了总的增值时间，前置时间没有任何变化。这种情况在世界各地的很多工厂随处可见。

为了避免库存无止境地增长，在没有真正理解工厂流程的情况下，我们就开始在流程中间设置库存缓冲的限制，设定库存目标。然后就开始努力给每一个流程制订准确的生产计划，不去生产下游工序不需要的产品。但是，在真实的世界中，就算非常复杂的软件，也没有办法实现这个目标。因为在整个价值流中，流程的条件一直在变化。

要维持价值流的运转确实需要一定的缓冲库存，而且库存的数量取决于价值流中各流程的实际情况。如果只是简单地降低库存，缺料、赶工和加急运费就会增多。工厂里就会处于每天都在调整计划和赶货的状态。每天都调整的计划会给价值流带来更大的波动，每个人都会整天忙于赶工和发货。

组织中的每个人都想要更好的绩效。强调部门绩效最优，而不是整个价值流（满足客户的价值流）的最优，会造成部门经理个人的利益和组织的利益存在冲突。长期来看，总成本会更高，组织也会陷入不断救火的状态，与此同时，这些经理们的绩效表现会达到目标甚至超过目标。

简而言之，系统科学的理论告诉我们，最大化局部产出不一定能实现系统的最优。

基于管理会计的数据，建立中心规划和控制的影响

正如前面所描述的工厂日常工作，管理层根据会计数据进行远程控制和集权式的决策，会造成管理和工厂现场的实际情况脱节。尝试通过抽象的数据进行远程管理将会导致错误的假设和不正确的决策。就算进行调整和适应，也已经距离事发的时候过于久远。另外，经理们会很自然地想办法让需要评估的数据看起来很漂亮，这表示送到上一决策层的正确数据就更少了。

中心规划和控制不仅没有办法让部门快速自主地调整，还会使中心部门的决策者基于不正确的、落后的定量数据去决策。

目标管理的问题在哪里

如彼得·德鲁克（Peter Drucker）在 1954 年出版的《管理的实践》一书中描述的那样，目标管理（management by objectives，MBO）最开始的构想和丰田现在的管理做法相似。德鲁克甚至在一个简单的案例中提到，"我所了解的最有效的管理者"不仅仅是把定量的目标分解下去。他简要地描述了这些管理者如何通过和下属的双向对话，共同制订书面的行动计划，从而实现目标。换句话说，将注意力放在能够产生成果的工具上。[⊖]

不过，看起来在后面的管理实践和教育中，目标管理在很大程度上变成管理层通过设定定量的目标和评估指标报告的方式进行规划和控制。有些人也称之为结果管理。不幸的是，实现定量目标的方式有很多，其中很多方法都和真正的流程改善无关，也没有让组织的各部分朝同一个方向努力。

那么，为什么这样一个"水货"版的目标管理得以流行了那么久？以下是几个可能的原因。

- 20 世纪 70 年代以前，国际竞争有限，市场在持续成长，偶然的改善就已经足够。在那样的市场条件下，即使系统中存在大量的浪费，我们也没有持续改善，还是有可能获得很好的利润。
- 在当时的市场条件下，仍然存在一些利润率较高的选择，因此并没有紧迫性去开发和培育更高利润的产品。
- 到了 20 世纪 70 年代后期，改善和调整的需要变得更加明显之后，

⊖ Peter Drucker, *The Practice of Management* (New York: HarperBusiness, 1993). Originally published in 1954.

只要削减可能已经存在多时的库存和人力，还是有可能获得较高的利润的。不过，仅仅依靠简单的削减，很容易碰到改善的天花板（极限）。

- 当时的竞争程度如蜗牛赛跑，让人错以为形势的变化并没有那么大。

有趣的是，为了降低成本而将生产转移到低成本国家（另外一种形式的削减），并没有从根本上改变生产系统或者改善生产流程。有人将此比喻为"让浪费更便宜一些"，因为这样并没有从根本上改变做事情的方式。

这段历史带给我们什么教训

第一个教训

简而言之，受到管理系统的影响，20 世纪自 T 型车诞生以来，西方世界工厂流程的基本特性基本没有什么变化。当然，T 型车时代结束后，有很多技术上的发展。但是就像迈克尔·库苏马诺在他的博士研究中所指出，也正如 20 世纪 80 年代后期闻名世界的 IMVP 研究中所指出的那样：从 20 世纪 30 年代到 20 世纪 80 年代，西方的汽车制造商在生产力和工厂流程上的进展微乎其微，基本生产技术似乎在原地踏步。

相反地，丰田发展的方式是自我调整的流程改善，通过关注达到目标状态所必须要做的事情，培养出有盈利能力的流程、产品和业务（见图 4-5）。

第二个教训

到了 20 世纪 50 年代早期，追求连续流的愿景，进行持续改善的接力棒再度被拾起，这次是丰田。例如，在生产上，丰田决定一步一步地去追求类似于福特汽车早期的愿景：一个连接起来而且同步的流程，达到更短的生产交付周期。事实上，早期的福特和丰田都曾经将这种理想的生产状态称之为"一条长长的传送带"。

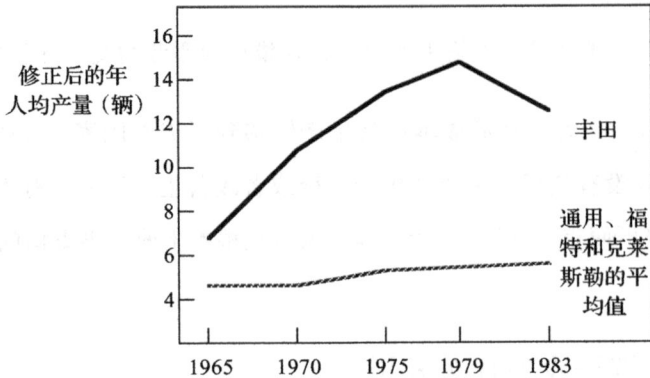

图 4-5 丰田与底特律三大汽车公司的生产率趋势

资料来源：Michael A. Cusumano, *The Japanese Automobile Industry: Technology & Management at Nissan & Toyota* (Cambridge, Massachasetts: The Harvard University Press, 1985)。

丰田意识到高的机器利用率并不会带来低成本，只有零件从一个工序不间断地流到下一个工序，中间没有任何浪费，才能实现真正的低成本。对于丰田而言，努力向这种同步的连续流靠近，就意味着要面对挑战，去消除或者减少不同产品（顾客的要求）之间切换的换模时间。

第三个教训

本章最重要的教训是，我们之中很多人还在用 20 世纪二三十年代的逻辑来管理企业，这些逻辑可能已经不适用于公司当前面临的形势。

在那个高速成长、垄断和隔绝于国际竞争的年代（一直持续到 20 世纪 70 年代），通用汽车的管理方法确实能够获得很高的利润率，也成为公认的管理实践的典范，至今还有很多商学院在教授这种方法。这就意味着我们之中很多人现在管理公司的方式是建立在美国汽车产业在 20 世纪 20 年代末期因当时形势所发展出来的逻辑上的。问题并不是这个逻辑已经过时，而是它并没有融入持续改善和调整的概念。如果我们的商业理念和管理方法不能包含不断地调整和改善，那么公司的领导人只会陷入一个死循环，越来越不适应瞬息万变的环境。

定期改变管理系统或者进行组织重构并不是办法，让管理系统能够有效地应对无法预测的环境才是解决之道。在过去的 60 年，丰田就是应用这样的管理思想运筹帷幄，充分证明其有效性。我们也很好奇，丰田如何沿用这个管理系统来应对和平安度过未来数十年的挑战。

接下来让我们来一睹这个管理系统的面貌。

第三部分

改善套路

丰田如何持续改善

我们在第 2 章已经了解到，"我们可以做什么"这个问题经常会导致乱枪打鸟的改善。更困难和更聚焦的问题应该是："我们需要做什么？"

丰田是如何回答第二个问题的？

概括来说，丰田的改善套路通常是这样运行的：①先思考愿景、方向和目标；②第一手地掌握现状；③朝着既定的愿景方向，设定下一个目标状态；④然后，我们就能够一步一步地努力往目标状态迈进，中间遇到的障碍就是我们需要做的事情，我们也可以从中汲取教训（见图 P3-1）。

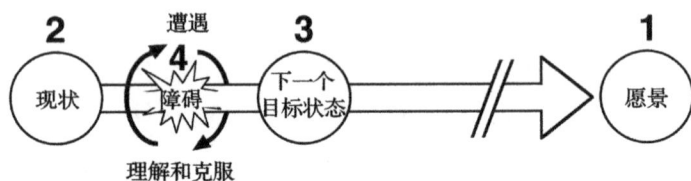

图 P3-1　改善套路概览

第 5 章和第 6 章都描述了改善套路，第 5 章解释了目标状态，第 6 章解释了如何朝目标状态迈进。

虽然改善套路描述的是持续改善的日常，但需要记住的是，改善套路同时也是丰田日常管理人员的方法。在丰田，每个人都被教导要按照这个系统化的方法行事。你会发现，改善套路适用于很多不同的情况，不仅仅是在制造领域。内容会变，但万变不离其宗，方法还是一样的。

你还会发现，改善套路就像一个分形图，丰田的每一个层级都在应用。同样的套路会用在操作层级，也会用在战略层级。越是在组织的上层，改善套路所处理的范围就越广。不过，基本上所有层级都用一个方法。

本书第三部分所选取的案例都是在生产作业的流程层次，这也是我最开始学会改善套路的地方。刚开始关注和学习改善套路，流程层次是一个很好的起点。因为跟产品开发一样，这里是制造商增加价值的地方。为了将流程层次和较高层次的目标状态区别开来，我有时候会用"流程目标状态"这个词。

在制造领域，流程是价值流中的个别链条（见图 P3-2），而且流程这个词代表着几种不同类型的工作，并不只包括冲压、焊接、喷涂或者总装等物料转换活动。举例来说，物料搬运和排程等虽然本身并不增加价值（not value adding，NVA），但是仍然属于生产价值流中的流程。这些必要的 NVA 流程也需要持续改善，才能使价值流实现单件流的理想状态。

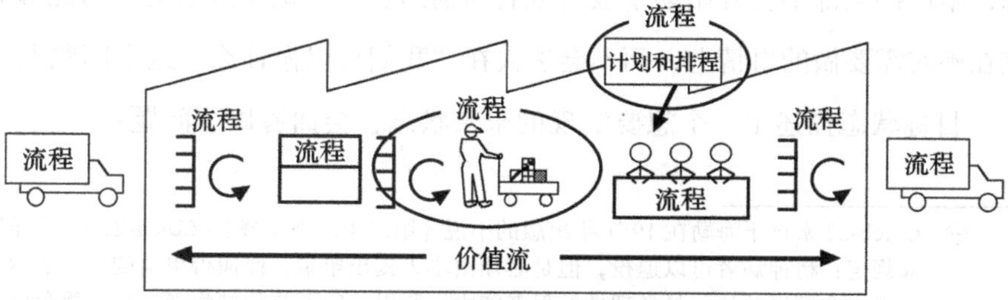

图 P3-2　制造价值流中的流程示例

规划：建立目标状态

你一旦体验过目标状态在丰田的改善套路中所扮演的角色，就会发现缺少目标状态的话会不知所措。你同时也会发现，很难对其他没有这种体验的经理、工程师或者高层主管来解释目标状态及其重要性。这是一种自相矛盾、进退两难的困局（Catch-22 ⊖）。我们会在第 9 章来讨论这个题目。随着本章的展开，你对目标状态的概念会越来越清楚，但是归根结底，没有什么能够替代"做中学"的收获。

目标状态对于流程改善或者管理而言非常重要，如果没有确定目标状态，丰田甚至都不会开始动手改善或者向前迈进。这确保大家的努力能够聚焦在确实需要做的事情上，而不会迷失在"我们可以做什么"这个问题上。

目标状态描述了一个想要实现的未来状态，会回答以下问题：

⊖ Catch-22 来自于海勒在 1961 年出版的小说《第二十二条军规》（*Catch-22*）。该条军规定：精神病者可以退役，但是必须由本人提出申请，而懂得申请的人，表示对自身安全懂得关注，具备理性的思考能力，所以一定不是精神病者。这部黑色幽默小说广受欢迎，书名也家喻户晓，因此成为通俗用语，被收入英文词典。用以比喻自相矛盾、进退两难的困局或者是法规上难以逾越的障碍。——译者注

- 这个流程应该如何运作？

- 正常的运作模式是怎样的？

- 在未来的某个时间点，我们想要一个什么样的状态？

- 我们接下来要去哪里？

目标状态就像是一副眼镜，帮助你聚焦和确定需要做的事情。任何时候，只要确定了目标状态并尝试朝着它前进，你就会发现问题和障碍（见图 5-1）。这是很正常的事情，这个时候，你有两个选择：

1. 回避障碍，朝着偏离愿景的方向前进。

2. 通过理解和消除障碍产生的根本原因，克服障碍。

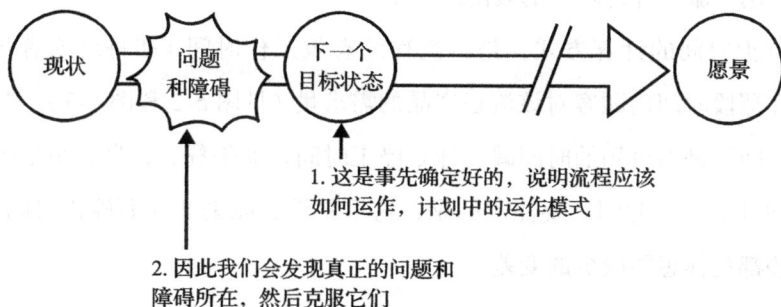

图 5-1　目标状态所扮演的角色

举例来说，在第 3 章生产线缆的公司中，员工指出将生产批量从一周降到一天所产生的问题，他们是对的，而这正是我们所说的障碍，而不是改变方向的理由。

精益技术的全新观点

在讨论目标状态或者目标状态的思维之前，我们先回顾一下这些我们认为已经很了解的精益技术。我会简要回顾以下这四个精益技术，然后从目标状态的角度探讨其中不是那么显而易见，却更为重要的含义。

- 节拍时间；
- 1×1 生产（单件流）；
- 均衡化（均衡生产）；
- 看板（拉动系统）。

我会以这些技术作为例子，让大家对目标状态的概念有了初步了解之后，再扩大讨论的范围，全面探讨目标状态的重要特征。

节拍时间

节拍时间是顾客对某个流程生产的产品或者一个产品系列需求的速度，经常应用在服务外部顾客的装配流程上。

节拍时间的计算方式，是将流程的有效工作时间（如每班或者每天）除以在那段时间内顾客对该流程产品的需求量（见图 5-2 和图 5-3）。"有效工作时间"是指可用的时间减去计划停工时间，如午餐、休息、小组会议、清扫和计划停机时间。要注意的是，这里并没有减去非计划停机时间，因为这些都是你想要减少的变差。

$$节拍时间 = \frac{每班有效工作时间}{每班客户需求数}$$

$$\frac{26\ 100\ 秒有效工作时间}{450\ 件需求} = 58\ 秒节拍时间$$

图 5-2 节拍时间的计算公式　　　图 5-3 计算节拍时间的示例

假设一个装配流程每班次有 26 100 秒的有效工作时间，而顾客在一个班次的时间内平均的需求是 450 件。

除出来的商是 58 秒，这意味着在我们的可用时间内，平均 58 秒顾客就会购买一件我们的产品。$^{\ominus}$

要怎么使用这个数字呢？

它并不表示你应该以 58 秒的速度来生产一件产品。事实上，一个装

$\ominus$　当然，顾客的需求会波动。丰田会每 30 天重新计算一次节拍时间，每隔 10 天就会检查一次。

配流程期望的周期时间（称为"计划周期时间"，planned cycle time）通常比节拍时间要短（快）。例如，如果在生产不同的零件之间需要换模，我们就必须让流程的周期时间比节拍时间更短，才能满足换模时所损失的时间。因此，从某种意义上说，节拍时间代表装配流程的理想周期时间，一个我们可以和顾客需求同步的生产速度，卖出一个就制造一个。

节拍时间背后的含义

在讨论目标状态的时候，如果我们把节拍时间当成努力的目标，有趣之处就出现了。有两个方法可以做到这一点，坚持不懈以计划周期时间的速度生产，然后努力让计划周期时间无限接近节拍时间。

一直以计划周期时间的速度生产，意味着要开发出稳定的流程。我们很多人会去追踪每小时或者每班次的产量，而无法回答这个问题：每件产品在这个流程中的周期时间是多少？我们有的是总结果目标数，而不是目标状态。我们深受这类结果指标的限制，看不到流程的实际状态。结果是，绝大部分的流程都用平均时间来衡量是否达到目标，但实际上产出的周期时间波动很大，在统计过程控制图中是完全失控的（见图 5-4）。这种状态不但昂贵（需要耗费更多的资源），对产品质量也会有影响。当流程失控的时候，许多流程改善的努力也因此无法落地生根。

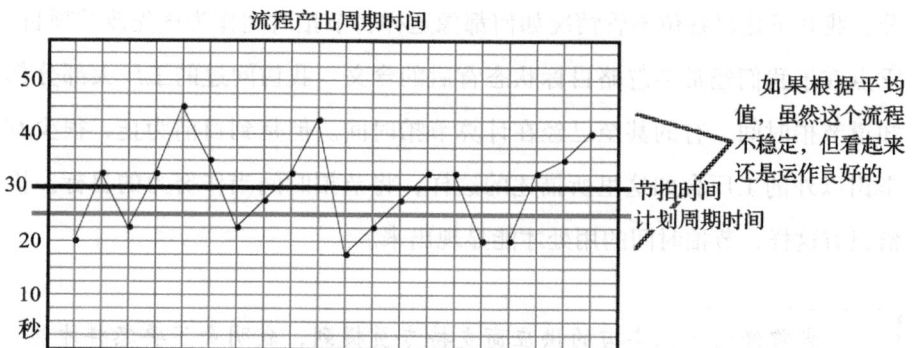

图 5-4　一个不稳定的流程

当你发现流程的周期时间的波动后，下一个问题就是：波动的幅度应该多大？心中有了想要达到的状态，就可以去观察流程来辨识、理解和消除障碍，从而实现那个状态。

只有流程的周期时间相对一致，才有向前迈进的可能性，并以此为基础，缩小计划周期时间和节拍时间的差距。例如，我们可以建立一个流程的目标状态，包括计划周期时间只比节拍时间少（快）15%。当你尝试着去努力实现目标状态的时候，会再次发现必须克服的障碍（换模、机器停机时间、报废和员工缺勤等）（见图 5-5）。

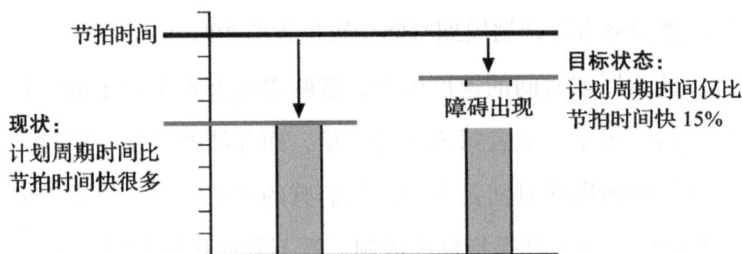

图 5-5　减少计划周期时间和节拍时间之间的差距

注：丰田在计算一个流程的计划周期时间时，会扣除换模时间，但不会扣除非计划停机时间。后者在必要的时候，会在每个班次结束之后以加班时间补足，而不是进一步缩短计划周期时间来弥补。如此一来，问题才会浮现。当然，要采取这种做法，两个班次之间要有间隔才能实现加班。

对一个生产流程而言，节拍时间和计划周期时间只是目标状态的一部分。我并不建议各位不管情况如何都像这样将节拍时间作为优先改善项目。重点在于我们经常会忽略目标状态背后的含义。我访问过的工厂大部分都知道节拍时间，有的甚至已经在计算节拍时间。但是到目前为止，很少有丰田以外的工厂会如这里所描述的这样，将节拍时间当作努力的目标。恰恰只有这样，节拍时间的用处才能显现出来。

我曾经向一位丰田的供应商支持专员提到，我明白了要怎样才能发现流程中必须着力的地方。我的想法是去问主管，如果让他的流程计划周期时间减速到只比节拍时间快 15%，会发生什么事情。主管所提出的障碍和异议之处就是我们必须着力的地方。

　　"嗯！"这位专员回答说："主管是会告诉你他的意见，但要了解真正的障碍所在，也许你应该稍微增加安全库存量，然后让流程以较慢的周期时间运作一段时间看看。到时候，实际跑出来的障碍才是你接下来真的必须努力的地方。"

1×1 流动（单件流）

　　让我们从回顾两种流程开始：一个没有 1×1 流动，另一个有。下面要描述的装配流程会有 4 个工作站，每个工作站有一个操作员。工作站之间有少量的在制缓冲库存，如图 5-6 中的库存三角所示。每位操作员每次循环的工作内容，以黑色的柱状图显示在操作员平衡图（Operator Balance Chart）上。[⊖]

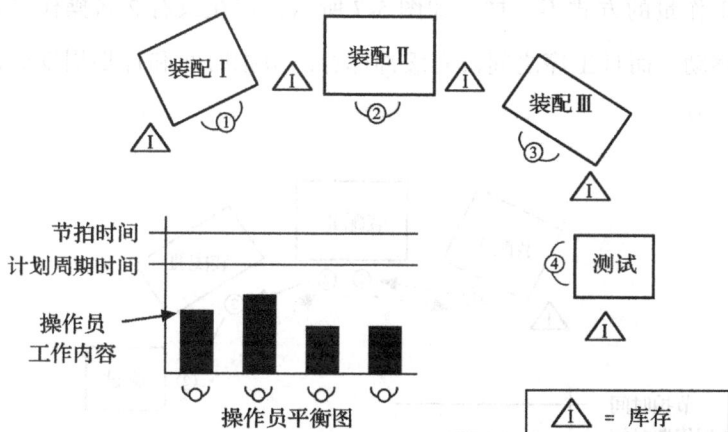

图 5-6　4 名操作员的装配流程

　　这是一个 1×1 流动（单件流）吗？

　　⊖　操作员平衡图的出处：Mike Rother and Rick Harris, *Creating Continuous Flow* (Cambridge, Massachusetts: Lean Enterprise Institute, 2001). Also at www.lean.org。

不是。工件并不是从一个工序直接移动到下一个工序。它们会经过少量的缓冲库存。

这里的操作员数量正确吗？

不正确。以计划周期时间来看，这4名操作员的工作量并没有完全满负荷，在这个流程中存在多余的操作员。

如果某个操作员遇到问题，会发生什么事情？

问题不大。因为不同工序之间有缓冲库存，所以另外一个操作员可以继续工作。

这是一个柔性的流程吗？

很多人会回答是的，这是一个柔性的流程，因为就算出了小问题或者停工，这个流程每天还是可以生产出所需要数量的产品。生产线上有了额外的操作员，流程便有了可以避开问题的"柔性"，始终达到产量目标。

现在来看一个一模一样的流程，只是工作站相互靠近了一些，分配操作员的工作量的方式不一样。如图5-7所示，现在只有2名操作员在工作站之间移动，而且工序之间没有缓冲库存。节拍时间和计划周期时间和前一张图一致。

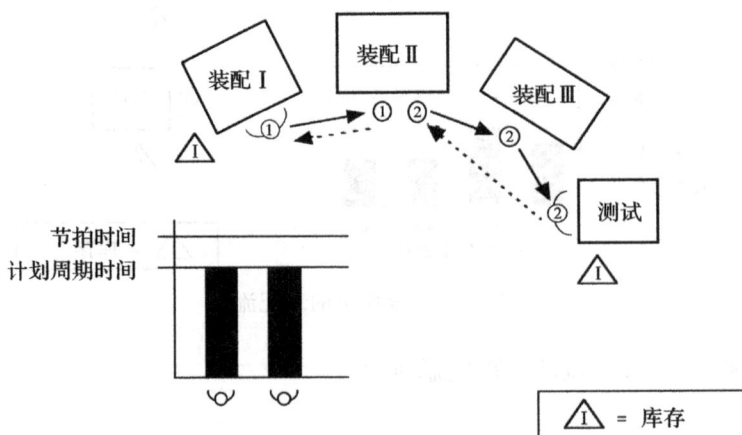

图 5-7　不同运行方式下的装配线

这是一个 1×1 流动（单件流）吗？

是的。工件从一个工序直接移动到下一个工序，不用经过工序间的缓冲库存。

这里的操作员数量正确吗？

正确。这 2 名操作员的工作时间和计划周期时间相同，满负荷工作。以现在的计划周期时间来看，流程中用的操作员数量是正确的。

如果某个操作员遇到问题，会发生什么事情？

整个流程会停下来。因为工序之间并没有缓冲库存，所以另一个操作员没有办法继续工作。

1×1 流动背后的含义

这里的重点是：你的理念会影响抉择：这两个流程中哪个更好一些。如果主流的理念是"制造产品"，那么第一个有 4 名操作员的流程会更受青睐。它绕过问题之后，还是可以完成目标产量。这也是为什么你会发现很多生产现场都这么安排的原因。另一方面，丰田并不认同这种柔性的设计，因为没有真正解决问题，流程陷入一个没有改善，只在不断救火的循环。

持续改善是丰田的生存哲学，丰田会选择第二个流程，也就是朝着"1×1 流动"而努力。因为这样的努力加上"1×1 流动"本身，能够暴露障碍，让我们明白应该在什么地方努力。"1×1 流动"不仅是理想状态的一部分，也同样有助于实现理想状态。

如图 5-8 所示，这是一家生产各种立体扬声器的工厂。这家工厂有三个几乎一模一样、彼此相邻的价值流。每个工序之间以先进先出（first in first out，FIFO）的方式连接。因为是按订单生产（build to order），所以不同尺寸的扬声器会一个接一个通过这个价值流。例如，一个小的扬声器可能会跟在一个大的扬声器后面生产。

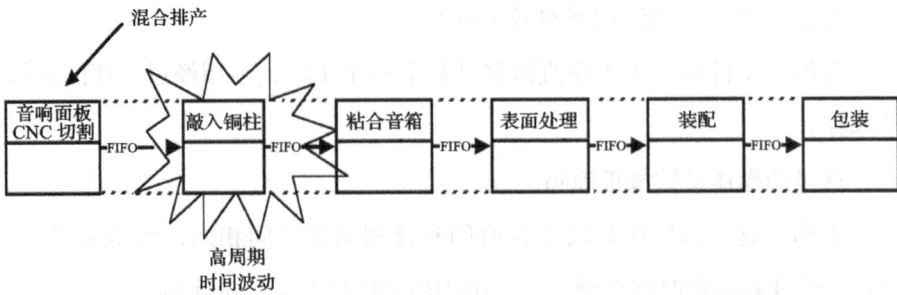

图 5-8　音箱价值流

　　第一个工序是在数控机器（CNC）上切割音箱的木制面板，一次一个
扬声器。不管音箱多大，这个工序的周期时间是一致的。在下一个工序
（见图 5-9），操作员以手工作业的方式，将加工好螺纹的铜柱用榔头敲入音
箱面板上的预制孔中。这个工序的周期时间变化很大，包含 18 个铜柱的大
音箱比只有 8 个铜柱的小音箱需要更多的敲打时间。因为周期时间的波动，
导致下游工序的操作员接到工作的速度是不稳定的。

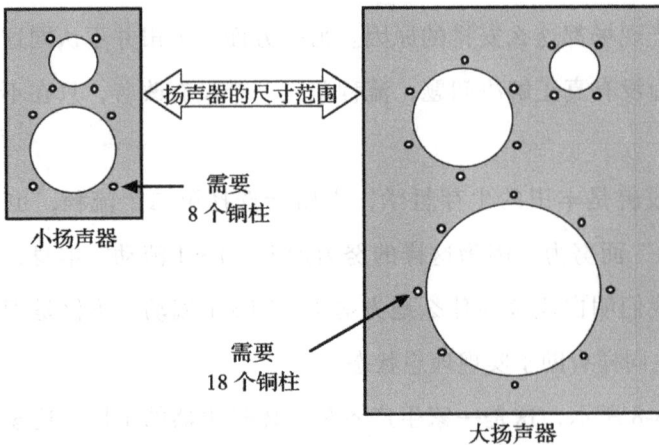

图 5-9　不同尺寸的扬声器会有不同数量的铜柱

　　为了补偿这个波动，下游的操作员自然地就会从一个价值流走到另一
个价值流去提供支援，而不是原地等待。当一组大扬声器需要更多的时间
去安装铜柱的时候，操作员会从相邻的价值流中过来帮忙。当然，这种应

对措施绝非流程改善，虽然是出于善意，但是却给价值流带来了更多的波动。

这里的现实是：除了"制造产品"和"让操作员一直工作"之外，并没有其他的目标状态可言。结果就是，工厂的运营会因为发生问题而随机变换方向。如果把流程的目标状态确定成这样：以正确的操作员数量，在相同的周期时间下实现"1×1流动"，又会如何？那样就只剩下一个选择：创造性地开发出一个安装铜柱的方法，无论音箱的尺寸多大，都能以同样的周期时间工作。如果我们聪明地以低成本又不复杂的方式实现这个目标，那么对公司而言，这才是真正的流程改善与进步。

这个案例告诉我们，目标状态是一个挑战。我们事先并不知道如何才能实现安装铜柱的周期时间一致，也不知道应该怎么做。如果我们事先知道怎么做，那就又陷入第1章讨论的实施模式了。

另一个常见的类似案例是装配单元，其设计的本意并不是要有一个坚定不移的目标状态，而是要让单元的操作员在问题发生的时候能彼此帮忙。比如操作员 A 在正常情况下负责装配步骤 1、2、3；操作员 B 负责步骤 4、5、6。如果操作员 A 在步骤 2 卡住了，那么操作员 B 会在那次循环中接手步骤 3 的工作。通常这种自我调整的机制会被认为是正面的，但其实这是一种逃避（walk-around）措施，体现了"制造产品"的心态，并不是真正改善的理念。

流程中这种自我调整的柔性，造成所有问题都不能被发现，进而无法被解决。这让丰田的管理人员心中的恐惧感油然而生，他们不会允许这种作业方式，也将这种方式视为管理上的失败。不过，这并不代表丰田会强制实施工作标准，禁止小组成员彼此协助。操作员遇到的问题是真实的，我们必须加以处理。如果我们要朝着"1×1流动"的目标状态努力，让问题浮出水面，那么就需要有一个回应和处理问题的方式。第 7 章会对此有更多的讨论。

长久以来，我一直误以为丰田在流程中配置正确数量的操作员只是一个生产率目标。高效率、高品质、低成本的确可以作为总体目标。但现在我明白，丰田将目标状态设定为：正确数量操作员的 1×1 流动。目的是以此手段，一步步地去发现为了实现目标所必须做的事情。

日本电装公司（Nippondenso）工厂（属于丰田集团的一部分）的某个加工车间，在一个"1×1 流动"的流程里，铝合金压铸件从热压铸直接送到机加工工序，中间没有任何缓冲库存。这是个极大的成就，也是货真价实的改善。但我们的学习重点不在于解决方案本身，而在于他们是如何开发出这个方案的。试想，这家工厂将特定的"1×1 流动"作为它要挑战的目标状态，然后耗费数月，甚至数年的时间去克服一个个障碍，直至达到目标状态。

均衡化

认为丰田按照顾客的购买顺序来组装汽车的观点是一个误解，这可能源于拉动系统的概念。丰田会在某一天实现这种"1×1 流动"的柔性（同时，市场上顾客的需求也是平稳的）。但是丰田今天的装配流程还在努力运作一个被称为均衡化（均衡生产）的系统。如图 5-10 所示，这是一个简单的示意图，描述了均衡化，或者让一个装配流程均衡化的基本机制。

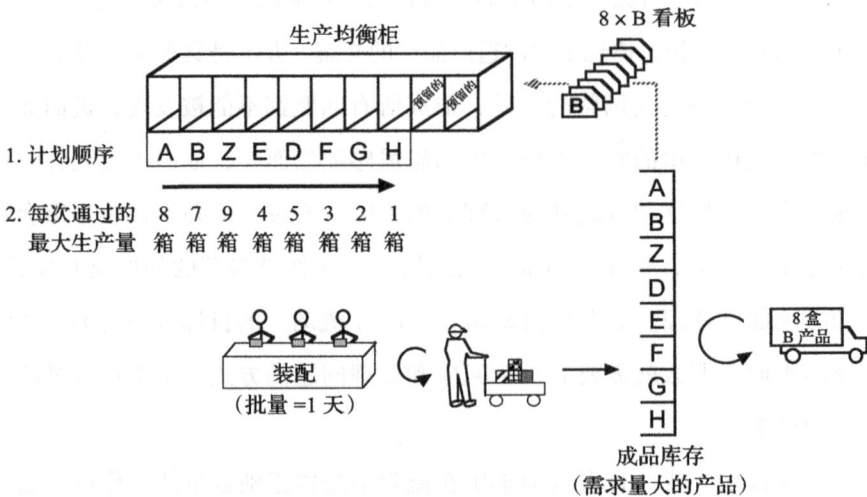

图 5-10　均衡系统示例

这里所谈到的生产排程，指的是当顾客从成品库存中领走产品后，同时发出来对应的看板不会直接送到装配流程，而是会先送到一个生产均衡柜上，如图 5-10 所示的方盒子。

一般来说，这个生产均衡柜会均衡产品类型和数量，详见以下说明。

1. 均衡不同产品。生产均衡柜里根据产品类型将顾客的订单（看板）重新安排成预定的顺序。比如，选择换模时间最少的顺序或者将大批量的需求拆散到一整天的顺序。在这个案例里面，预定的顺序是 A-B-Z-E-D-F-G-H。生产均衡柜中两个空余的位置则是留给偶尔才会有顾客订货的产品（量少）。⊖

装配流程会尽可能以预定的顺序进行生产，完成整个生产顺序的时间取决于批量的大小。例如，如果流程在一天内通过频繁换型可以生产每一种产品，就称为"每天生产每种产品"（every part every day），那么每种产品的批量都是一天的需求量。这时候，流程就会每天都努力按顺序完成整个产品系列，隔天再从头开始生产。

2. 均衡化生产数量。生产均衡柜会根据每一种产品的批量和当时顾客需求的速率，确定该产品的最大生产量。如果批量是一天的量，那么任何产品通过生产顺序时，最大的生产量都是该产品一天的平均需求量。就这个案例来看，A 产品一天的平均量是 8 盒，B 产品是 7 盒，Z 产品是 9 盒等。

在图 5-10 中，你会看到顾客购买了 8 盒 B 产品，将它们从成品库存中拉走，发了 8 张 B 产品的看板出去。但是，根据均衡化的模式（生产均衡柜），B 产品的平均需求是 7 盒，装配流程切换到 Z 产品之前，最多只生产7 盒的 B 产品，而第 8 张看板则应该放到下一轮的生产顺序中。

从流程的观点来看，丰田在均衡化上面所做的努力，违反常理之处就

⊖ 一个产品只有在顾客下单之后才会生产。实际应用中，要不是产品在成品超市中被领走，就是顾客下了小批量的订单。如果某个顾客的订购量并没有触发看板，之前也没有遗留下来的看板，那么装配流程在按照顺序生产的时候就会跳过这个产品。

在这里。想象一下，装配线的主管手上有 8 张 B 产品的看板，而且装配流程正在生产产品 B，一切都运行顺利。但现在我们要告诉这个主管，他只应该生产 7 盒 B 产品，然后就要切换到 Z 产品。

为什么要这么做？

装配线实施均衡化有两个众所周知的理由，一个是为了能够以短的交付周期服务不同的顾客；另外一个是为了限制"牛鞭效应"，又称为弗雷斯特效应。后者指出，当需求往上游流程传递的时候，任何装配阶段的不均衡都会不断地被放大。由于上游流程必须持有足够的库存来满足高峰的需求，因此，一旦下游流程以均衡化的模式运作，就能够使价值流的库存（也就是交付周期）降低。由此，均衡化经常是上游流程引进看板的前提条件，否则上游的看板系统的超市中就可能会有大量让人无法接受的库存。

在这个案例中，顾客订购了 8 盒 B 产品，比平均需求多了 1 盒。这里的假设是这个顾客在一段时间内会购买平均的数量，如果今天多了 1 盒，不久的将来就会少 1 盒。⊖如果装配流程马上就生产多出来的这 1 盒，会把需求的高峰传递到上游，越往上，需求就越被放大，会导致额外的浪费和成本。

平稳地生产是均衡化背后主要的原理，尽管我尝试了很多次，却从来没有让均衡生产长久运行下去，我到访过的很多工厂也没有做到。我知道如何像丰田那样配置均衡化的顺序和批量，但不久之后，我们就会因为问题而偏离了预定的顺序，很快又回到频繁变更排程、赶工和救火的状况。看起来丰田一定是没有那么多问题，而且更能严格遵守均衡化的排程。但是怎么做呢？

两件事情让我找到了答案。

⊖ 为了能以均衡化的方式装配，又能满足顾客峰值的需求，就必须要有足够的库存以应对顾客的高峰需求。有时候，顾客的高峰需求会让我们需要备的库存数量大到无法接受。这个时候就需要用"为什么顾客的需求会这么高"这个问题来发现障碍在哪里。

当我第二次拜访德国南部的一家工厂的时候，跟我会面的生产经理一脸不悦地叹气："把这个均衡化的概念给我带走吧！"第一次来的时候，我们替工厂的一个装配流程建立了均衡化的生产顺序，但它一如既往，没有坚持下来。"我们一直有零件短缺的情况，"经理告诉我，"如果我坚持一个预定的生产顺序，就会损失宝贵的产能。"我不得不同意他的说法。

这位经理接着让我看他们已经开发出来的，用来替代均衡化的排程软件。顾客订单、库存数量和可用零件的信息每天都会输入这个软件中，用来产生第二天的装配排程。"你看，"经理解释说，"这是我们知道可以运作的装配排程。"可想而知，这个装配的排程每天都不一样。

第二件事情在同一个星期的稍晚一些时候发生。我和一位丰田人共进晚餐，谈话过程中，他提到："我们在丰田做的很多事情，都是有模式可循的。"我在那个时候才恍然大悟。

均衡化后面的含义

均衡化的生产顺序提供的是一种模式，换句话说，是一种目标状态。它是我们努力的目标，并将改善的力气放在必要的地方。

均衡化是这样运作的：

1. 根据预定的顺序和最大批量，将看板放到生产均衡柜中。

2. 问："我们今天可以这样运作吗？"

3. 答案如果是肯定的，那就这样做。如果答案是否定的，接着问："是什么事情阻碍了我们这样做？"对这个问题深究下去，同时也暂时偏离预定的生产顺序，然后再努力尽快地回到预定的生产顺序上来。

一开始"我们可以这样运作吗"这个问题的答案不会是肯定的。但如果你不断去改善，排除一个个障碍，肯定的答案会增加。你的所作所为是用方向在领导团队，用系统化的方式逐步改善相关的流程。

"啊，我明白了。"当我向这位德国生产经理解释我的心得时，他说：

"丰田想要设法达到的境界，是'我们能这样运作吗'，这个问题的答案总是肯定的。"

事实上并非如此。在那个时候，我们还没有实现理想的状态，系统中一定还存在浪费。如果"我们可以按照均衡化的模式运作吗"这个问题的答案总是肯定的，那么丰田可能会为了回到偶尔出现否定答案的状态，进一步降低生产批量。

要评估装配流程均衡化的成效，有个方法是衡量每天的生产顺序达成率。我们在美国的一个工厂设置了一个均衡化的顺序，一个月之后，团队很骄傲地汇报说达成率是73%。但我从来没有见过顺序达成率能够提高得如此之快。经过详细回顾之后，我们明白了这个小组衡量的并不是顺序达成率，而是原来的成果指标：计划完成率。也就是说，不管用什么方法，只要今天能准时出货，你就完成了当天的计划。顺序达成率是一种更严格的过程指标，意味着只要装配流程偏离了预定的均衡化顺序，就算准时出货，也不能视为顺序达成。

于是团队重新计算，一个月之后很沮丧地发现，他们的顺序达成率实际上只有13%。但是不必为此难过，这不过是现状而已。唯一要思考的事情是："好吧，我们必须克服的第一个障碍是什么？"团队在这样的思考模式下，为了实现均衡化的模式，以极大的热情和主动性开始追查障碍，一次一个，成了一种挑战。一年之后，这个装配的顺序达成率提高到了60%～70%，而且团队还在不断努力。每向前迈进一步，便代表那家工厂获得一个真正的改善，工厂里的人正在用一种新的方式思考。不错。

在对标学习丰田20年之后，我们在世界各地的工厂对各种各样的生产流程设置了大量的均衡看板和计划。然而，看到资深经理人来参观工厂的情形，实在是发人深省。均衡看板会被事先清空，排列成完美的顺序。所有正确的看板都被放置在适当的位置，而且会有一个人对着来访的客人解释均衡化系统的运作。访客就均衡化的架构问了几个技术层面的问题后，频频点头认可，然后每个人便移步前往工厂参观的下一站。

　　这实在有些矫揉造作。由于我们对均衡化的内涵有所误解，许多均衡化计划（事实上，至少在一开始的时候就颇受期待）并没有运行或真正应用。很多时候，真正的情况是装配流程依旧根据一个每天更新的排程来决定生产计划。资深经理人或者高层主管在看到眼前的均衡化计划的时候，应该问：“对！但是如果按照这样的模式运作，你们现在遇到的最大障碍是什么？”我们的工厂里有很多均衡看板，可是我们都没有用来当作目标状态。

　　和我们的理解不同，均衡化的模式并不是丰田工厂的生产流程运作得比我们更平稳更准时的原因。大多时候，建立均衡化模式并不会带来很多改变。重点在于丰田如何将均衡化模式当成目标状态，以促进流程的改善（见图 5-11），而流程改善（努力朝目标状态迈进）才是区别所在。

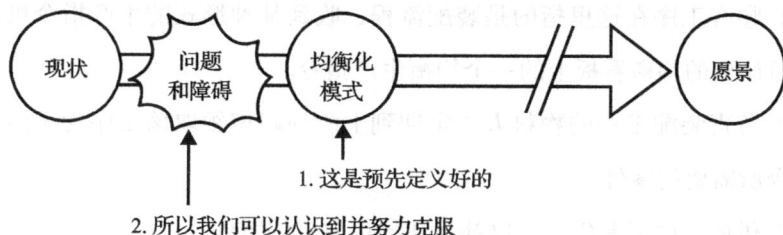

图 5-11　均衡化模式是一个目标状态

　　均衡化是丰田的工具箱中影响最深远的工具之一，也是一个特别有用的目标状态。因为追求这个目标状态，能让我们对装配流程的诸多元素和相关价值流一目了然。一旦我们明白均衡化并不是约束，而是一个目标状态，在追求的过程中才能有所斩获。

拉动系统（看板）

　　传统生产管理方法现在仍然被广泛使用，计划人员给价值流中的每个工序都制订生产计划。根据下游工序需求的预测来制订计划，就算有计算机的帮助，也不能预测未来，因此这种方法被称作"推式生产"（push system）。换言之，就是每个工序生产我们认为下一个工序需要的产品，然后推给下一个工序。

丰田的拉动或者看板系统是生产管理的另一个方法，如今同样闻名于世。它的基本做法如图 5-12 所示。

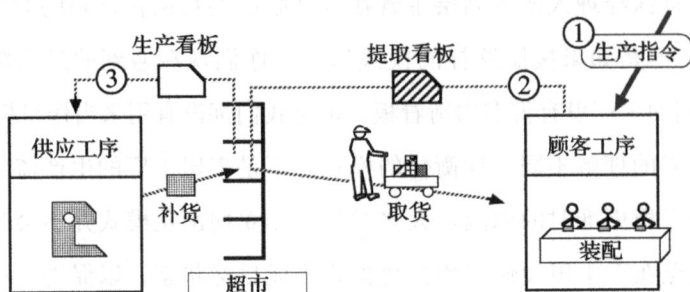

图 5-12　看板或者拉动系统机制的基本做法

1. 顾客工序在这里指的是装配流程，收到某种形式的生产指令可能是前面所谈到的均衡看板上的一个均衡生产指令。

2. 负责装配工序的物料人员定期到上游的超市领取该工序为了满足生产指令所需要的零件。

3. 供应工序接着生产，以补足从超市取走的零件。

拉动系统的区别在于供应工序的生产并不是根据生产计划，而是根据顾客工序对供应工序的领取而定。以这种方法来看，供应工序只会生产顾客工序真正用掉的东西，从而在这两个工序之间建立起了顾客 / 供应商的关系。

一直以来对标学习丰田的看板系统的机制，并将其导入我们的工厂。不过，和均衡化一样，拉动系统的成效甚微。在很多情况下，我们努力引进的拉动式系统都沦为规划良好的库存，供应工序还是继续根据某种形式的计划在生产。

让我用图 5-13 中所描绘的两个生产部门之间的物料流，来深入探讨丰田的看板系统。图中每一个图形代表一台机器，每个部门都拥有数台相同的机器，线条表示零件可能经过的路径，每台机器能处理的零件数量没有限制。从图中的线条可以看出，在这个供应工序里，只要任何一台机器当时有空，就会被安排生产。供应工序的主管也在图中。

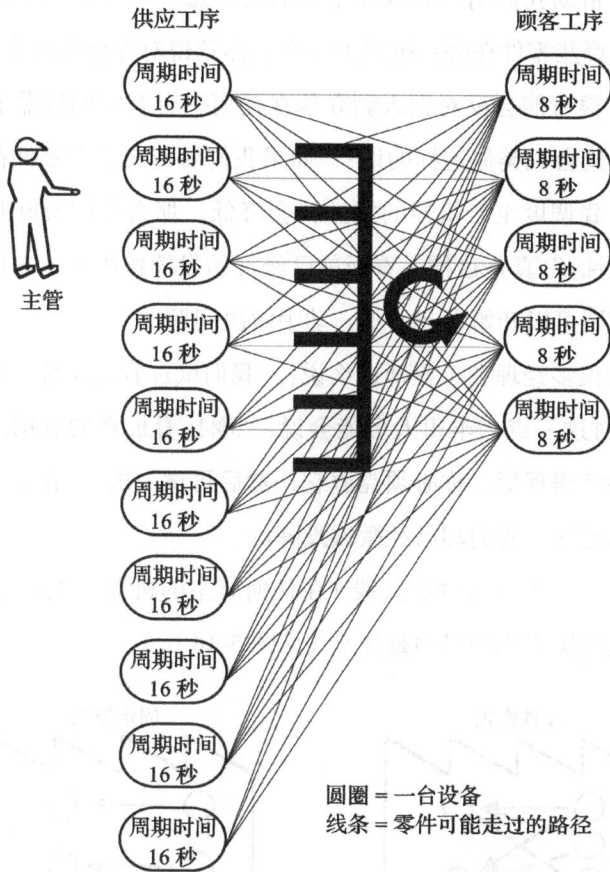

图 5-13　两个生产部门之间的物料流

现在，假设如图 5-13 所示，可能因为这两个部门的物理距离很远，也或许因为供应工序和顾客工序的换模时间差异过大，我们需要在两者中间设置一个超市（看板系统）。

要设置这个拉动系统，我们需要一些信息，除了其他一些特别的信息之外，包括零件数量、生产数量以及以下两个位置，或称为"地址"：

1. 与这张看板有关的零件，会存放在超市的哪个地方。

2. 与这张看板有关的零件，会在哪一台机器上生产。

定义哪一个零件应该在哪一台机器上生产，这个具体指出第二个地址的动作，可以帮助我们明白看板在丰田的真正意义所在。如果我们要求这个主管来定义哪些零件在哪台机器上生产，你觉得对方会有什么反应？

这个主管很可能会反对别人剥夺他在任何一台有空的机器上生产零件的柔性。他大概会说类似这样的话："如果我们要定义什么零件在什么机器上生产的话，我调度生产机器的柔性就会降低，那么我们最好开始改进这些机器的稳定性。"真是这样，看板就已经开始发挥作用了，它让某个障碍现形，而我们则可以开始卷起袖子，动手解决问题。

我曾听过很多经理和工程师这么说："我们试过看板系统，可是在这里不管用。"针对这一点，丰田人可能会说："啊！看板真的有用。它已经让阻止你前进的障碍现形，你必须克服它，然后再试一次。"在丰田人卷起袖子继续干活的时候，我们却已经缴械投降。

重点又来了。所有这些交叉线（在任何有空的机器上生产零件的柔性）时好时坏，这取决于你的目的是什么（见图 5-14）：

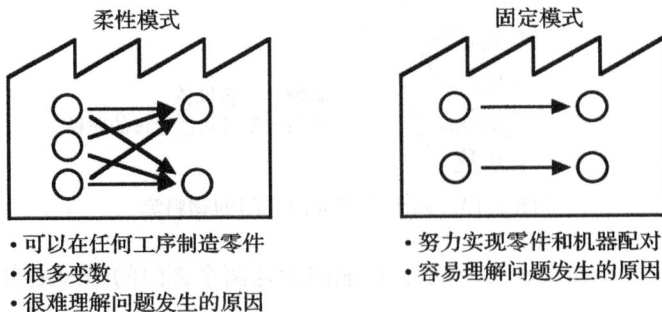

图 5-14 两种不同的方法

● 如果你的目的是"制造产品"，那么柔性的系统看起来比较好，因为你可以绕过已经存在的问题，仍然达成生产目标。

● 如果你的目的是"通过持续改善实现永续经营"，那么柔性的系统就不是一个好选择。[⊖]绕过问题，到处生产相同的零件，会增加变数，而且很难理解问题发生的原因。柔性的系统会自动避开问题，本质上不是改善的系统。你也许可以达成今天的生产目标，但是明天还能在激烈的竞争中胜出吗？

看板背后的含义

看板的显性目的是提供一种流程间的生产控制方法，让需要的东西在需要的时间点生产出来；隐性的目的则是帮助流程改善，将其视为目标状态，通过定义你期望在流程间建立的系统，让改善的需求浮出水面。在推式系统中，流程彼此脱节，而且制造过程的柔性也很大，完全没有可以追求的目标状态。

> 根据大野耐一的说法，看板控制了库存，是一种让生产系统中的任何问题都无所遁迹的机制。

> ——迈克尔·库苏马诺，《日本汽车工业》

看板显性和隐性目的之间的差异，正如实施模式和问题解决模式之间的差异（我在第 1 章中提到过）。我们一直在努力实现看板的显性目的，未能着力于隐性的问题解决，然而两者缺一不可。无论你如何细心地计算和规划拉动系统的细节，开始实施之后都不会如你所愿。这完全正常，如果我们认为自己做得到，就是在设定一个不可能实现的目标。我们运用这么多丰田的工具，为了拉动系统做的所有精心的准备，其实是在确定一个让自己可以全力以赴的目标状态。

我的同事乔基姆·克莱休斯（Joachim Klisius）和我曾经拜访过一家拥

⊖ 在紧急情况下，如果问题可能会影响外部顾客，丰田会暂时将零件转到其他设备上生产。但一定是在发起了问题解决的改善，了解问题之后才会这么做。

有 6000 名员工的工厂，他们决定导入精益制造。我们问厂长他们的第一步是什么，得到的答案是："我们要在整个工厂导入拉动系统。"这不但暴露了我们对拉动系统的误解，而且也不可行。

- 无论任何时候，只要你一启动拉动系统，在很短的时间内就会分崩离析。但正是这些废墟会告诉你哪些是必须着力的地方，并一步步地让拉动系统按计划运行。当你第二次开始尝试拉动系统，可能会比第一次持久一些，但很快又会失败。你再次从中得到教训，知道必须做什么努力。尽管出问题的间隔拉长了，但这个循环会重复下去，直到有一天你实现了"1×1 流动"，再也不需要拉动系统为止。另外需要注意的是，看板系统不会制造问题，只是暴露问题。

- 拉动系统很少作为导入精益制造的第一步。这是因为许多生产流程还不稳定，而为了让拉动系统运行起来，在不稳定的流程中间会需要惊人的库存量，而且这些库存是为了掩盖不稳定的事实，一定会造成负面的影响。正确的做法应该是设定流程的目标状态，帮助了解和消除这些不稳定。

如果把看板当成流程改善的工具，那么先小规模地导入拉动系统，从中学习并改进相关流程，然后再一步步地扩大实施范围。如果我们想要很快地将看板系统引进整个工厂，会浮现出数不清的问题，连丰田也难以处理。

总而言之，仅仅引进看板系统本身，只会带来细微的改善。这个系统只能反映和展现现状，并不会降低库存，只能用来规划和利用库存。

换句话说就是不可能实施拉动系统。我们应该将拉动系统视为一种建立目标状态的工具，在努力朝着理想状态持续改进时应用。我们达到的每一个状态，都只是另外一个目标状态的前奏。

两位丰田人的评论使我对最后一个观点豁然开朗。第一位说："看板的目的就是要消除看板。"当我还在琢磨这句话的时候，另外一位说："没有了看板，我们不知道你进步了多少。"

啊哈！看板是帮助我们逐渐降低超市的库存，不断地朝着"1×1流动"前进的工具。这也是为什么在丰田，当一个看板循环稳定运作（没有问题）一段时间之后，管理者可能会从循环中拿掉一张看板的原因。因为这么做的话，库存就会减少，问题会开始再度浮现。在通往"1×1流动"的过程中，看板被用来定义一个接着一个的目标状态（见图5-15）。

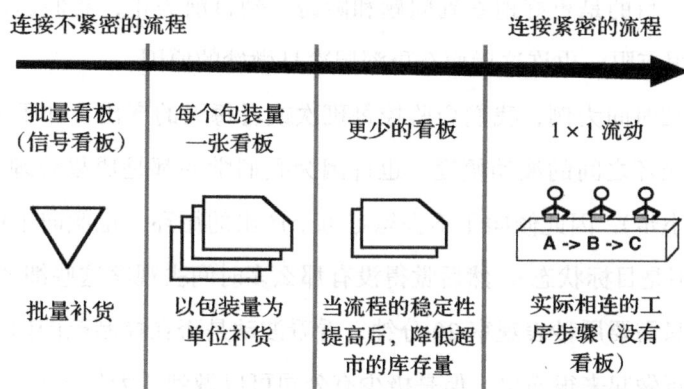

连接不紧密的流程　　　　　　　　　　　　　　　　　连接紧密的流程

批量看板 （信号看板）	每个包装量 一张看板	更少的看板	1×1 流动
批量补货	以包装量为 单位补货	当流程的稳定性 提高后，降低超 市的库存量	实际相连的工 序步骤（没有 看板）

图 5-15　看板让我们在通往"1×1流动"的道路上，定义出具有挑战性的目标状态

现在丰田的工具更有意义了

当我们逐步克服障碍，朝着一个目标状态努力的时候，去观察丰田的工具和技术会更加容易理解，也更加有效。这些工具和技术都是丰田改善套路的附属品，但也不是独立其外。我们没有看到这一点，或许是为什么努力复制丰田却鲜有成功的原因之一。

> 只是简单地导入看板和按灯，不代表你已经在实施丰田生产系统，因为它们只不过是工具而已。
>
> ——箕浦辉幸（Teruyuki Minoura），丰田汽车北美制造公司
> 前总裁兼首席执行官，1998 ~ 2002 年

　　如果你首要的目标是"制造产品"，那么许多丰田的技术对你来说没什么意义，因为它们本质上会限制你绕过问题。为了"制造产品"，如果某台机器坏了，你会希望可以很快地换另外一台机器（看板会让这么做更加困难）；如果某个零件短缺了，你会想要改变生产计划（均衡化让这件事情很难做到），诸如此类。

　　丰田用这些工具（如节拍时间、"1×1流动"、均衡化和看板）来作为目标状态，目的是更好地看到问题和障碍。到目前为止，我们运用这些工具的效果很有限，也许这后面有更深层次且微妙的原因。

　　以节拍时间为例，我们会监控每班次或者每天的产出，却不能分辨出每个产出循环之间的波动幅度。也许因为我们学的都是成果管理（而非每天改进一小步），因此倾向于不去思考每个产出的循环，也倾向于依靠行动清单（而不是目标状态），然后觉得没有那么多时间去观察这些细节。然而，很多流程只需要用秒表观察20分钟，看看波动是否在控制范围内即可。尽管这个分析做起来很简单，但是极少有公司可以做到。为什么？

　　如第1章的讨论，人类有渴望甚至会人为制造"确定感"的倾向。由此可以理解，我们并不是看不见流程的问题，而是不想看到问题，因为那会降低工厂运营过程中的"确定感"。那就意味着我们的一些假设、所追求的或钟情的事情都可能是假的。

　　现在看来，简单地引进看板系统或者均衡生产，就想带来显著而持续的改善是可笑，甚至愚蠢的。因为生产系统本身仍然按照原来的方式在运作（由于更好的计划或者更多的关注，可能会有一些小的改进）。现在我们明白均衡化的模式和看板系统本身并不会产生改善，而是一步一步地追求目标状态，才能让这些技术发挥预期的效果。通过改善套路去努力追求目标状态，才是"精益生产"的本质。

　　有一个很有趣的思考，既然丰田追求的是单件连续流，那么任何不能实现这个理想的解决方案、工具或者实践，都会被看作临时的对策。举例

来说，有时候人们会要求我给一个公式，以便计算在一个拉动循环中需要
的看板数量。从追求理想状态的观点来看，看板数量是否正确在一开始并
不重要。开始的时候你只需要足够的库存或者看板维持系统的运行，然后
努力持续改善流程，不断减少所需要的看板数量。如果开始就想明确地知
道看板数量，就说明我们是静态的思维方式，而不是持续改善的思维。

发挥我们的改善潜能

如果想发挥我们的改善能力、智慧和创造性，需要以整军经武的方式
自我管理。在没有目标状态之前就采取行动，往往会对要到哪里去，要做
什么提出各式各样的点子和主意。然后在每一个关键的岔口都可能会改变
方向，或者就这样选择了阻力最小的那条路。

> 成功取决于你的挑战。

> ——佐佐木真一（Shinichi Sasaki），丰田汽车欧洲公司
> 前任总裁兼首席执行官

相反，目标状态（一个目标的模式）确定了一个客观的挑战（与个人无
关，关注于我们需要做什么，而不是你的意见或者我的意见），在团队中达
成共识。我的同事伯恩·密特哈勃（Bernd Mittelhuber）画了一张富有洞见
的草图（见图 5-16），很好地阐述了这点。

图 5-16 有没有目标状态的差异

目标状态 ≠ 目标

区分目标和目标状态的差异很重要。目标指的是结果，而目标状态则是：如果要达到期望的结果，流程应该以什么样的方式或者模式运行（见图 5-17）。你可能需要一些练习才能真正区分这两者。

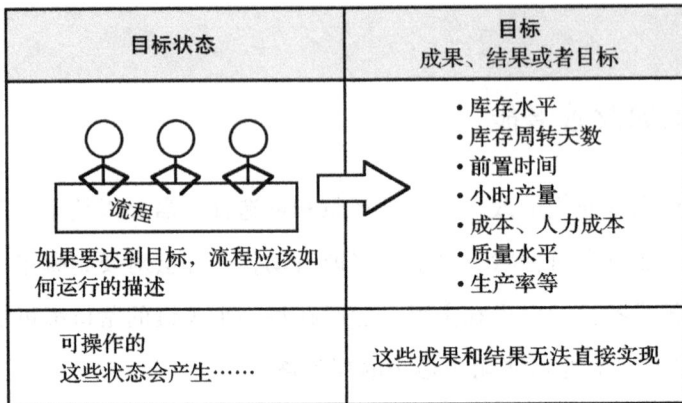

目标状态	目标 成果、结果或者目标
流程 如果要达到目标，流程应该如何运行的描述	・库存水平 ・库存周转天数 ・前置时间 ・小时产量 ・成本、人力成本 ・质量水平 ・生产率等
可操作的 这些状态会产生……	这些成果和结果无法直接实现

图 5-17　目标状态和目标之间的差异

不幸的是，来自日本的丰田人在说英语的时候，经常用目标来替代目标状态。这样就很容易让那些习惯于用定量目标来管理（较少关注流程细节）的西方人误解。当一个丰田人问："目标是什么？"我们很自然会认为他们问的是定量的结果指标。事实上，本书所定义的目标状态，更能贴切描述丰田人所说的目标。

要达成定量的结果指标有很多不同的方法，其中有很多方法都没有真正改进流程运行的方式，这也正是没有清楚分辨目标和目标状态的风险所在。设定定量的结果目标虽然很重要，但是通过什么方法实现目标更重要。⊖这也正是改善套路（包括目标状态）发挥作用的地方。

⊖　托马斯・约翰逊（Thomas Johnson）在提到与方法管理（managing by means，MBM）形成对比的结果管理（managing by result，MBR）时提出了这点。西方的管理学者往往会将方法视为结果的附属品，但是约翰逊认为方法或者流程，其实无异于一种制作中的结果。详见他的 *Profit Beyond Measure: Extraordinary Results through Attention to Work and People* (New York: The Free Press, 2000), especially chapter 2。

　　举例来说，如果组织的员工采取行动，一个降低成本的定量目标本身并不够。总体目标或许是提高成本竞争力，但如果只有这个目标，会引导人们去削减库存或者裁员。

　　降低库存的目标很常见，但是如果没有同时考虑相关流程的目标状态，会引发很多问题。我的办公室墙上曾经有一张很棒的奖状，奖励我"增加了库存"。这家工厂的厂长曾经设定了一个目标：成品库存不超过一天。于是为了达成目标，大家就削减了库存。但是以当时装配流程的生产批量和绩效表现，一天的成品库存太少了，结果是不停赶货，大大增加了加急运输的成本。我的做法是向他们指出，我们的注意力应该放在流程上，而不是库存上。

　　我曾经在带一个团队参观底特律的一家工厂时碰到过这种情况。当时团队里面有好几位说日语的前丰田高管，在参观到某个地方的时候，这个丰田人说："这里要增加库存。"我们暗自发笑，说："哦？我们好像没有听懂您的英语，我们了解丰田的系统，您的意思是不是这里应该减少库存？"这位前高管大呼："不！不！不！要增加库存，这个流程还没有能力维持这么低的库存。"

　　"降低库存"说起来容易，但是一旦确定了流程的目标状态，要正确和深入理解这些库存背后的挑战就困难多了。在流程周围或者中间的库存是结果，必然有造成这些库存的原因。我们需要深入流程内部，设定目标状态，然后克服阻碍我们实现目标状态的障碍，才能明白为什么需要那么多库存。

挑战心理

　　有个有趣的问题至今仍然存在争议，那就是丰田持续改善的方式是否适用于危机和创新的情况。因为在这类情况下，改善的动作需要更快、更激进。有趣的是，丰田的改善套路，包括目标状态的使用，非常类似于我们在危机时经常使用的管理行为。遇到那样的时刻，又受制于时间和预算等，为了克服挑战，需要全神贯注于必须要改善的工作上。进入一个快速的循环，根据学到的教训不断调整（详见第6章），而且只把精力放在必须做的工作上。从某种程度上来说，丰田在利用改善套路，把我们在危机情况下才会使用的管理和工作方法变成了日常的工作方法。

例如，"只做你必须做的事情"可能对很多人来说很难接受和适应，但这却是善用改善能力的关键所在。当人们提出建议时，要问一个合理的问题："这个行动能帮助我们朝目标状态前进吗？"如果这个行动和目标状态无关，那么最好的选择就是不要在这里浪费时间和资源。

是的，你可能会认为有人在建议我们去制造危机，但这不是我的本意。创造一个紧急情况，并希望人们从此正确行事，是很简单的事情。但这么做还是没有触及核心，也并不够。我想要表达的意思是，培养组织的员工一个行为模式，一种向前迈进的方式。这个行为能反映良好的危机行为，让员工在理念和愿景上和组织达成一致。接下来，如果你想制造危机也无妨，因为人们已经掌握了一个有效的方法来应对和渡过危机。

我可以用一个进行了多次的实验来举例说明。在一家德国工厂，我带了一群工程师和经理到生产现场的装配线，给每个人铅笔、纸张、写字板、秒表和以下的书面指示。

请观察这个流程：

● 请勿交谈，自行观察；

● 在写字板上写下一份书面报告，回答以下问题：你有什么改善建议？

在这个实验中，我要求大家两两配对，然后每个小组观察装配流程中的某一段。有个小组观察由一位操作员负责的流程，写出下列这些用处不大的粗略的建议清单。他们的清单内容跟其他大部分参与者提出的建议大同小异：

● 降低换模时间；

● 清理和整顿生产现场；

- 寻找浪费；

- 几个跟工作站的布局有关的建议；

- 采用看板；

- 设计 U 型的生产线，避免操作员孤岛作业。

完成第一轮的实验后，我们回去仔细分析了装配线的流程，确定出了目标状态，描述该流程应该有的运行方式（在附录 2 有一个流程分析的步骤）。有了这个流程目标在手，团队被送回去完成相同的任务，观察跟之前一模一样的流程，结果如图 5-18 所示。

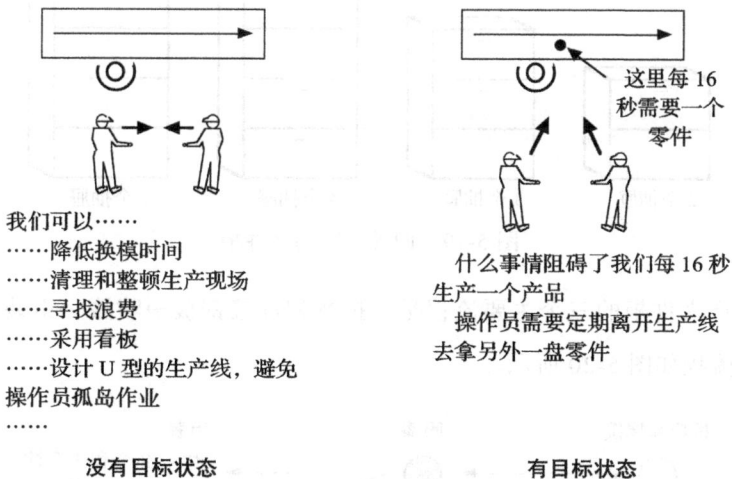

我们可以……
……降低换模时间
……清理和整顿生产现场
……寻找浪费
……采用看板
……设计 U 型的生产线，避免操作员孤岛作业
……

这里每 16 秒需要一个零件

什么事情阻碍了我们每 16 秒生产一个产品
操作员需要定期离开生产线去拿另外一盘零件

没有目标状态　　　　　　　**有目标状态**

图 5-18　有没有目标状态差异巨大

在第二轮的实验中，那个观察一个操作员流程的小组得到了截然不同但是更加有效的观察结果。流程的目标状态有一部分内容是关于计划周期时间（16 秒）的，也就是该装配流程需要每 16 秒生产一个零件。团队观察所负责的流程部分多久会有一个零件通过某个特定的点，连续测了几个循环周期。观察到的周期时间波动很大，显示这个流程并没有达到每 16 秒生产一个零件。接着，小组问了自己以下问题：

"什么事情阻碍了我们每 16 秒生产一个产品？"

为了回答这个问题，小组观察到操作员必须定期离开生产线去拿新的一托盘零件。当然，这会影响装配线周期时间的稳定性。你看出来在流程的目标状态确定之前和之后，这个小组的观察和思考在本质上截然不同吗？

另外一个案例是在几年前，在密歇根州一家制造文件柜的工厂，有一次产品开发部门设计了一组新的文件柜，要在现有的文件柜价值流上生产。生产价值流需要做些配置上的更改，增加产能，才能适用于新的产品。

如图 5-19 所示，在这个价值流生产的文件柜有四种尺寸。

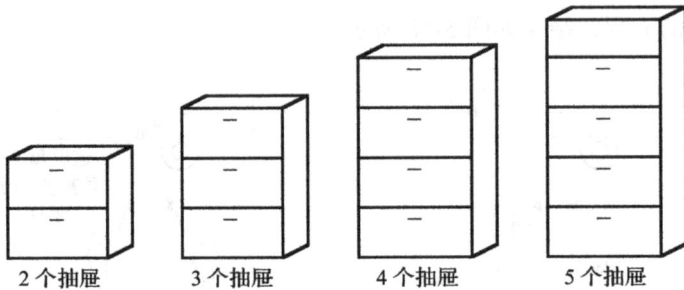

2 个抽屉	3 个抽屉	4 个抽屉	5 个抽屉

图 5-19　四种不同的文件柜

生产文件柜的三个主要流程是：折弯和焊接钢板→喷漆→组装。现有的生产流程如图 5-20 所示。

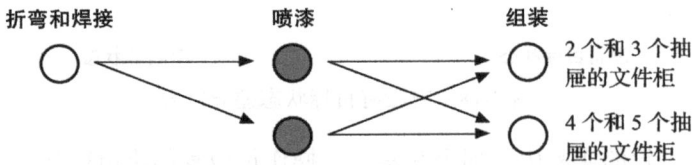

图 5-20　现有生产流程

这里只有一个折弯和焊接的流程，由昂贵的自动化机器完成，就是这个流程需要增加额外的产能。接着是两条链式传送带（chain conveyor）生产线，已经有足够的产能可以应对新的产品。喷漆生产线和传送带系统因为规模太大，目前没有更改的可能性，所以在图中以灰色表示。最后是两条组装线：一条用来生产只有 2 个或者 3 个抽屉的文件柜，另外一条则用来生产有 4 个或者 5 个抽屉的文件柜。图中的箭头表示物料流动的方向。

工程师之间对于如何配置价值流已经争辩了数个星期，也没有达成一致，但是已经到了需要确定和购买设备的时间。就在这个时候，我被邀请去跟这个团队一起工作一周。

生产设计团队一共有 10 个员工，我和他们第一天的讨论一直在绕圈圈。有个人提议设计两条折弯和焊接生产线，这样就可以有专用的生产线，如图 5-21 所示。

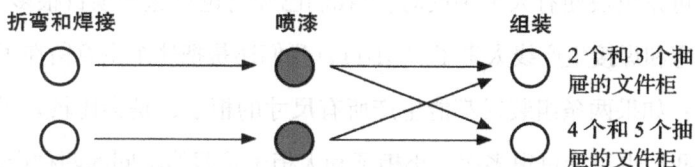

图 5-21　第一个建议：加一条折弯和焊接生产线

团队成员往这个方向讨论了一段时间，直到有人提出异议，第二条折弯和焊接生产线从预算上来说太贵了。

然后我们就开始转向另外一个建议，例如修改两条组装线，让每一条组装线都可以组装四种尺寸的柜子（如图 5-22 所示）。这么做有个好处，有时候顾客的订单都是大柜子或者小柜子，这样会拉爆一条生产线，同时另外一条生产线却很空。

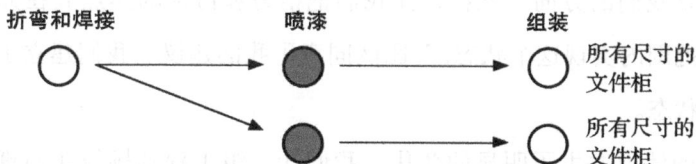

图 5-22　另一个建议：通用的组装线

这个建议又讨论了一段时间，直到另外一个人提出，操作员组装大柜子的工作量和时间比小柜子多很多，而且为了更好的人因工程，已经升高了小柜子的组装工作台的高度。大柜子和小柜子是完全不同的产品，因此，我们再一次开始讨论别的建议。

第一天结束的时候我们没有任何进展，我坐在旅馆房间里思考要怎么做。就如第 2 章提到的，很多的团队讨论和努力都是这样进行的，最有说服力的那个人会主导讨论的方向，直到另外有人提出可信的论点加以驳斥。在最糟糕的情况下会采取投票机制，假装我们已经知道怎么去做。

星期二上午，我们换了一种方式开始。我问团队成员：两条或者一条折弯和焊接生产线，哪个比较好？显然两条会比较好，因为这样可以有专用的生产线。可是很快便有人举手反对。"我们已经讨论过这个项目很多次了。增加一条折弯和焊接生产线太贵了。"不过，我们还是把这个主意留在了白板上。我接着问：如果两条组装线都能生产所有尺寸的柜子，是会比较好吗？"当然是，可是我们也讨论过很多次，小柜子和大柜子是截然不同的两种产品。"

然后我们在白板上画下了如图 5-23 所示的价值流。

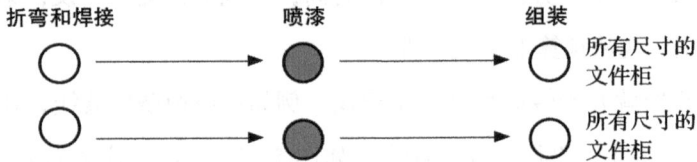

折弯和焊接　　　　　喷漆　　　　　组装

○　　→　　●　　→　　○　所有尺寸的
　　　　　　　　　　　　　　文件柜

○　　→　　●　　→　　○　所有尺寸的
　　　　　　　　　　　　　　文件柜

图 5-23　目标状态

可能因为我是外来者，当我说，"好的，不要再讨论我们想要往哪里去了。这就是我们的方向。现在，让我们把精力和讨论的焦点放在如何在预算和时间范围内实现这个状态。"团队同意了我的建议。我们建立了一个基本的目标状态。

团队的活力发生了明显的变化。我们让一组工程师挑战在预算范围内增加第二条折弯/焊接生产线。他们的创意和智慧让人震惊。以下节录几段他们在那周接下来几天的工作：

"我们检查了工厂后面那条没有在使用的旧焊接生产线，那个设备里面有好几个部分可以拿来继续用。"

"也许在折弯流程的步骤之间，可以不需要用昂贵的自动钢板切换系统。"

"我们可以用一个简单的开关，根据需要焊接的柜子尺寸大小，启动或者关闭电焊的焊嘴，不需要用数控开关。"

另一个小组负责修改两条组装线，以实现可以组装所有尺寸的柜子，也同样创意十足：

"我们要怎么做出一个简单的升高系统，让来到组装线的小柜子可以有比较好的人因工程？"

"如果一个比较耗时的大柜子来到组装线，我们要在后面留一个空位，这样操作员就有两倍的时间来组装。"

并不是所有的构想都可以落实，而且到最后我们所确定的目标状态在当时也还没能全部实现。但我们的进步确实是一个很好的例证：只要引导合适，就能发挥团队的潜能。

目标状态 = 挑战

通常来说，目标状态的一些部分会超越既有的流程能力。我们想要到那里去，但是还不知道要怎么做。

2008 年 5 月 27 日在慕尼黑举办了一场生产系统研讨会。丰田工程公司的首席执行官 Toshio Horikiri 在演讲中对此提出了一个有趣的看法。他将学习、成就和激励的程度跟一个目标状态带来的挑战程度连接起来。他指出，从一开始就知道如何做到的"简单"的目标状态和"不可能"的目标状态，都不能带给我们太多的鼓励和成就感（见图 5-24）。只有实现了介于两者之间的目标状态，才能从中获得突破和实现的

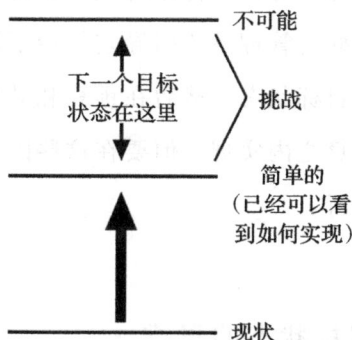

图 5-24　目标状态应该具有挑战性，同时也是可以实现的

兴奋感（我们做到了！），进而提高士气，激起员工接受更多挑战的激情。

　　举个简单的例子：一个操作员在金属成型的冲床上生产小零件，这个零件后续会经过喷漆，然后用在组装线上。冲床操作员小心翼翼地把成型的零件摆放在物料箱里，以方便喷漆操作员一件件地取用。但这个摆放动作花费了太多时间，为了缩短时间，有人建议冲床操作员把这些并不"脆弱"的金属零件直接丢进物料箱内。

　　从一开始我们就知道这个建议很容易实现，但这也意味着没有真正改善这个工作系统，只是重组了现有的做事方式或者把浪费从一个地方转移到另外一个地方。另一个方面，如果我们设定一个目标状态，其中包含：在 X 时间内摆放这些零件（X 会比现在的时间更短），当然我们没有办法立刻知道怎么做才能实现，但一旦我们实现目标，这就算是一个有创意的、真正的流程改善。

　　在确定一个目标状态的时候，应该还不知道怎么做才能实现。这是正常的，不然你就陷入了实施模式。当你不得不说"我不知道"的时候，往往就意味着走对方向了。如果想要真正的流程改善，必须要直面压力。

　　需要记住的是，不要用投资回报率分析来决定应该有什么样的目标状态。每当底特律的汽车制造商决定是否应该生产小型车的时候，正是这样的管理系统引导它们犯下错误。先定义下一个你需要或者想要达到的目标状态，然后在预算和其他限制下全力以赴。目标状态当然必须在预算之内实现，但要在这些限制下完成挑战，通常需要发挥足够的智慧才行。

目标状态的思维

　　经过一段时间的练习，你应该已经形成了一种目标状态的思维，丰田的"标准化作业"可以帮助我来阐明这个观点。"标准"描述了流程应该如何运作，它是一种预设的、经过规划的正常模式（见图 5-25）。

另一方面，在丰田，"标准化工作"意味着一个流程在本质上确实如标准那样运作（见图 5-26）。标准化作业是一种状态，你可以观察一个流程，然后问："这个状态是否存在？"

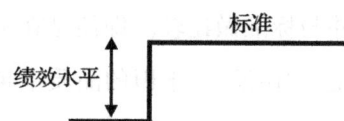

图 5-25　"标准" = 流程应该如何运作

在一次芝加哥的制造研讨会上，一群丰田生产方式的专家在分享他们帮助供应商改善生产流程的案例。在分享的过程中，一位观众提问："你们会将生产线的标准张

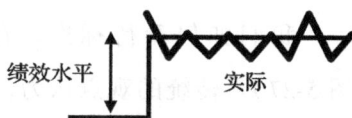

图 5-26　"标准化工作" = 流程确实如标准那样运作

贴出来吗？"一如丰田典型的作风（学员应该自己学习），答案非常简短："是的，我们会。"我注意到有不少观众都在奋笔疾书，他们或许都在想着回去将作业标准挂在操作员头顶上方，误以为这样就能有所改善。所以我接着问了一个问题："可视化这些工作标准是为了谁？"

"这个嘛，"回答来了："当我们需要在生产线张贴工作标准的时候，"丰田并不总是在生产线张贴标准，"我们必须决定是要让标准面对操作员还是面对过道。"演讲人停顿了一下，以制造效果，然后说："我们面对过道张贴标准。"

过道是小组长所在的位置，他们是主要使用工作标准的人。

关键问题并不是"你们张贴了工作标准吗"，而是"我们如何让工作标准化"。丰田制定标准的主要目的，并不是要建立纪律、责任或者用来管制操作员，而是想要有个基准点。在这个案例中，是要让小组长能够比较计划和实际，让期望的结果和实际发生的结果之间的差距明显可见。如此，我们才能明白真正的问题所在，也就是需要改善的地方。

当被问到是否有标准化工作的时候，我们通常会指着张贴出来的工作标准（作为证据）说："有的，看，我们已经把工作标准化了。"当一个丰田人被问到相同的问题时，他们也会去找出标准，但接着就回去观察流程，并与标准做比较。即便是在丰田，这两者之间也经常有差距。这时他们会说："还没。"丰田的品质卓越并不是因为每一次都是相同的做法，而是因**为丰田会竭尽全力实现流程的目标状态，而且该流程每一次都以相同的方式运行**。这其中的差别很微妙，但是如果你想要了解并复制丰田的成功，理解这一点很重要。

我们如何看待标准，在流程出现异常的时候也会显露出来（见图 5-27）。传统的观点认为，异常表示我们退步了，必须采取纠正措施，实行更严格的纪律。在我的印象中，丰田的想法正好相反：异常意味着我们还没有达到目标状态，所以必须继续实施改善套路。

图 5-27   当异常发生时，我们会怎么想

那么，标准和目标状态的差别在哪里？在很多时候差别不大。一个好的方式是，将标准看成你正在努力追求的东西，而最重要的问题就是："我们如何才能让这个流程确实按照标准那样运行？"这才是其中的困难（在第6 章会有更多讨论）。

因此，图 5-28 中的这些标准，还有工厂里的其他很多标准，都可以被认为是目标状态。

工作标准	节拍时间、正确数量的操作员、1×1流动、工作要素、工作要素的时间等
均衡化	计划的生产顺序、最大的批量大小、成品数量等
拉动系统	超市中的位置、库存数量、看板卡片等
物流	运输路径、停站位置、时间等

图 5-28　上述这些和其他标准，可以被认为是目标状态

试想一下，如果公司里的所有人都把这些标准当作目标状态去努力实现，而不是当作束缚，将会取得什么成就。

建立一个目标状态

只有亲自通过现场的观察和分析，加上对方向、愿景、目标和需要的理解，详细地掌握了现状，才能建立一个目标状态。如果想要定义出合适的目标状态，你必须充分理解现在的状况。

对于生产流程来说，刚开始的几个目标状态，常常在分析流程本身的时候就自然产生了。取得一些进展后，目标状态应该基于部门的目标来定，或者保持一致。但是，就算部门目标已经达成，还是应该继续制定后续的目标状态。因为流程改善就如逆水行舟，不进则退。最后你应该可以走遍整个工厂的所有流程，并问："在这个地方，你们目前正在设法克服的挑战（目标状态）是什么？"

建立稳定性是生产流程中最为常见的初期目标状态之一。当流程变更时，这个目标状态也会不断重复出现，衡量的方式则是各工作站的周期时间和产出周期时间的波动。我所见过的大多数生产流程都还处于不稳定的状态。

在生产流程方面，附录 2 的"流程分析"会提供一个通用的方法，用来分析生产流程的现状，获得所需要的事实和数据，从而建立一个初步的目标状态。

目标状态中的信息

在通往长期愿景的路上，目标状态描述出我们在未来的某个时间点想要达到的状态。因为改善套路的应用范围广泛，所以目标状态可以分成技术型和非技术型两种。不过，任何目标状态至少应该具备某些可以衡量的方面，这样才能知道是否已经达到。

建立目标状态的一个要点，是把目标状态跟相对应的对策或者步骤划清界限。目标状态应该描述你想要的状态，而不是如何达到那个状态（见图 5-29）。我也经常犯这个错误，把对策放到目标状态中。我们喜欢直接跳到解决方案，但这样做其实会阻碍改善套路的实施。比如工程师往往会因为工作习惯的关系，用解决方案来定义目标状态。你必须学着把自己往后拉一把，在开始行动之前，先确定想要去什么地方。一旦确定好目标状态并朝着它迈进，你才需要找出所需要的对策。第 6 章会对此有相关的讨论。

不是目标状态	原因
• 实施一个拉动（看板）系统 • 引进牛奶圈（milk-run）物料配送	太模糊，看板或者物料配送系统其实可作为目标状态，但是必须详细描述它们是如何运作的
• 应用 5S（工作场所整理） • 安装条码系统 • 改变布局	这些都是对策，不应和目标状态混为一谈。先描述流程应该怎样运作，然后，在追求目标状态的过程中，再确定必要的对策
• 最小化、降低、改进、提高	像是最小化、降低、改进、提高这类用词不属于目标状态，因为目标状态描述的是特定时间点下想要的状态
• 减少两名操作员 • 降低两天的库存量	削减人力或者降低库存是结果，而非目标状态。它们并没有描述流程以较少的人力和库存来满足顾客需要，应该如何运行

图 5-29　不属于目标状态的示例

制造流程的目标状态通常包括以下四种类型的信息，供你参考。前三种是用来通过改善套路进行日常的流程改善。第四种则用来定期测量流程改善的成果。

1. 流程步骤、顺序和时间。整个流程包括哪些流程步骤，顺序是怎样的？每一个步骤需要多少时间？谁在操作每个步骤？

2. 流程特征。流程的其他属性：

- 操作员数量；
- 班次；
- 在哪里设计了"1×1 流动"；
- 在哪里有缓冲库存（包括预先设计的缓冲库存数量）；
- 批量大小 / 生产所有产品的间隔（every part every interval，EPEI）/ 换模时间；
- 均衡化。

3. 流程的过程指标。在流程运行的时候，以较短的时间间隔测量这些指标，实时检查流程的状态，以引导改善的方向，例如：

- 每个步骤、每件或者每个标准包装（一盒或者一批包装）的实际周期时间；
- 周期时间之间的波动。

4. 成果指标：

- 每个时间间隔的产出数量；
- 生产率；
- 质量指标；
- 成本；
- 班次之间的产出波动。

我们可以在图 5-30 看到一个组装流程的目标状态的典型要素。不过，这个目标状态只是示例，如果跟实际情况相比，中间跳过了太多要素。从现在的状态到这个目标状态，中间恐怕需要建立一系列的目标状态。

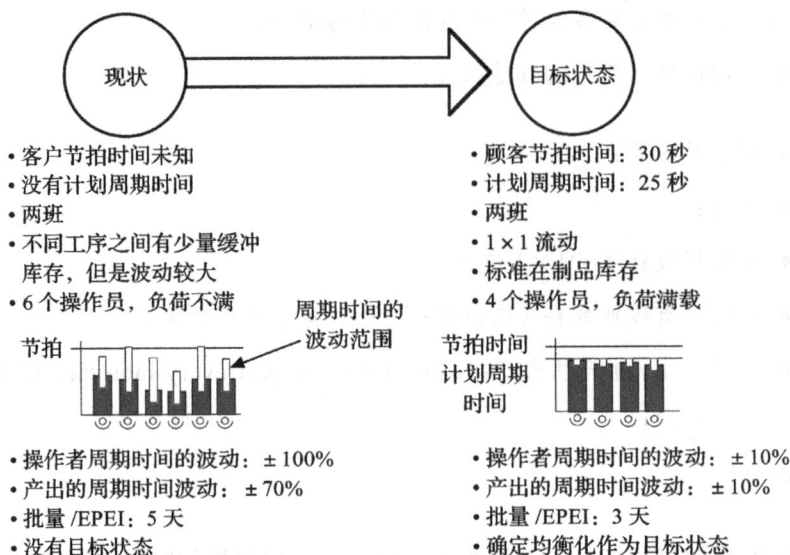

图 5-30 流程目标状态示例

正如你所看到的，生产流程的目标状态往往比很多工厂目前的实践要详细很多。我们也会在第 6 章看到，也正是这样的细节，才让我们学习到更多。

要多详细

由于生产流程的现状可以被仔细地观察、分析和理解，因此有些时候可以事先定义出一个详细的目标状态。但是，在大多数情况下，真正的现状无法被完全看到和理解，因此不可能事先定义出完整的目标状态。例如，试想如果你要开始开发或者销售一个新产品，你对于顾客想要什么其实还不清楚细节。

这里有一个警告，大多数时候，你可能还没有充分掌握现状，就已经处在一个自信满满的错觉中。我们往往不清楚自己不知道什么，因而轻率地根据臆测就确定了目标状态的细节。

这样就陷入了两难的境地。在开始之前，你需要一个目标状态，但是却没有办法知道其中的大部分细节。摆脱这种窘境需要从一个经过深思熟虑的、基本的，没有那么详细定义的目标状态开始。当你开始前行，遇到障碍并从中学习，再把相关的细节加入到目标状态中（见图 5-31）。当你在定义目标状态的时候，心中仍有疑虑，可以稍微模糊一些，进入灰色地带再逐步收敛并增加细节。这样就不需要过早地根据臆测来确定细节，从而在后面保持选择的空间。

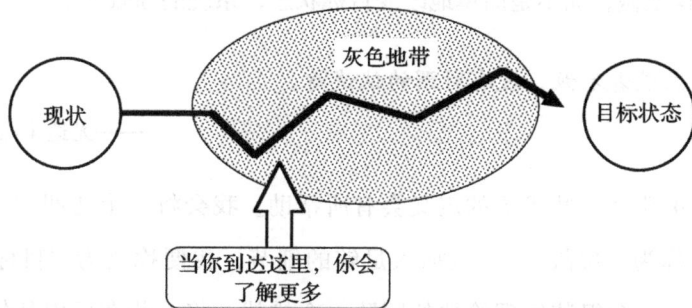

图 5-31　一旦开始前行会了解更多细节

例如，通过现场观察生产流程，已经得到很好的成果，建立起如下所列的初期目标状态，然后动手实施（详见第 6 章所述）。

- 节拍时间和计划周期时间；
- 流程中什么地方可以实施"1×1 流动"（根据经验判断）；
- 操作者的班次数量；
- 流程稳定性。

定义这些要点的详细指南参见附录 2。

一般来说，让流程运行一两天之后，我们就能够获得足够的学习心得，去定义出更为详细的目标状态。这通常是通过试验的方式，按照初期目标状态的描述去运行流程，然后看会发生什么事情。你可以将此称为"通过朝着目标状态前进，进一步分析现状"。粗略定义初期目标状态的做法在丰田被广泛使用。丰田认为，还不了解一件事情就对其细节"胸有成竹"是一个错误的习惯。

需要注意的是，我并不是要你在前进的时候去改变目标状态，而是要你去充实它。目标状态一旦建立，即便是最初模糊的目标状态，其内容和实现日期也不能轻易改变。花时间去分析现状，仔细思考目标状态，就算在困难重重的情况下，也要努力去了解、发挥创造力，一步一步地克服所遇到的障碍。只有这么做，而不是简单地改变目标状态，系统的绩效才能更上一层楼。

做或者不做，没有所谓的试试看。

——尤达（Yoda）

在这里明确一些术语的定义会有所帮助。我会将一个初期的、模糊的目标状态称为"挑战"，一旦加入足够的细节，我便称之为"目标状态"。举例来说，一个组装经理给他的团队一个挑战，将一些在厂内其他地方批量机加工的压铸件，转到"1×1流动"的组装线里面。当团队研究现状，厘清想法，甚至实验性地将机加工中心移入装配线的时候，就有了进一步的细节，这时候就确定了"目标状态"。

要多有挑战性

想要知道目标状态是否适当——既具有挑战性又具有可及性，虽然得视情况而定，但也是可以掌握的技能。当你积累了实践改善套路的经验，便能更好地判断某个特定的流程和人们接下来要面对的是什么。我刚开始学习使用改善套路的时候，以为自己会倾向于把目标状态订得太简单。事实上，我们往往订得太难。原因是什么？当我们对于现状还没有得到第一手的详细了解之前，会忽略或者低估障碍，从而制定在当前看来过于雄心勃勃的目标状态。

例如，有时候我们会在很长的价值流中导入先进先出。因为觉得这样更接近理想状态，所以一定是一件好事。但是，如果一个先进先出的流程从开始到结束的前置时间超过一天，零件在通过这个漫长的先进先出流程的时候，就会由于流程状态的改变而引发混乱。正是由于我们走得太快，没有循序渐进，使得流程看起来更加无序。

另外一个例子是太快削减过多的库存。又是同样的想法，以为较少的库存更接近理想状态，所以削减库存是好事。然而，减得太快，库存太少，只会制造混乱。要点在于了解流程，建立受控的合适数量的库存，然后一步一步地改善流程，朝着目标状态前进。这样，成果自然会出现，库存也就降低了。

目标状态的时间范围是多长

一年：在很多公司，为了配合公司的计划或者战略展开，目标状态会长达一年，或者目标状态也是一个长期项目的一部分。不过，以我的经验来看，目标状态以一年为期，会因为时间太长而失效。对于这种长期的目标状态，需要在中间设定一些过渡性的目标状态。不需要一次走得太远，从长远来看，小步快走可能会比大跳跃的方式更快，更有效。

最长三个月：我的建议是，生产流程的目标状态的时间最长不要超过三个月。如果一个目标状态延续超过三个月，那么需要把它分解为相对容易管理的时间段。

一至四周：我有很多成功的经验，引导人们建立不超过四周的目标状态，尤其是那些刚开始学习改善套路的人。因为这样才能在一个完整的改善套路里有更多的练习机会。

目标状态的时间越长，就越需要去计划如何从现状走向目标状态。一个为期一周的目标状态不需要太多的计划就可以开始，但如果是三个月的目标状态，那么就会需要一个深思熟虑的计划。

第一步是什么

在你定义目标状态的时候，并不清楚如何才能实现，但应该知道下一步是什么。这就好像在用手摇水井的时候，要先灌点水进去才能开始摇。

在这一点上，曾经有个丰田人告诉我要专注在最大的问题上。然而当我这么做的时候，却发现一个负面的效果：我们会在寻找和讨论哪个是最大的问题的时候迷失。耗费了大量的时间去收集资料制作帕累托图，而图上最大的问题常常是"其他"，然后开始争论各自的观点。等我们决定好哪个是最大的问题的时候，流程的状态都已经改变了。这个效应被称为"帕累托图无力症"，我建议这种状况能免则免。如果总是想确定什么才是"正确"的第一步，那么帕累托图无力症会拖延你的进展。

幸运的是，这种拖延很容易避免，因为迈出第一步比第一步是什么重要多了。在你开始之前，大可不必费力去找出最大的障碍。一旦踏出第一步，学习的过程就开始了，而你也会看得更远。如果你前进的速度足够快，我保证你很快就会找到目前最大的问题，它就在那里等着你。

另外一个要点就是，很多时候你的下一步可能不包括对策，而是通过观察、数据和实验去获得更多信息。就像前面讨论的，如果你没有把握，那就往前走试试看，有必要的话可以不断尝试。这个方法我尝试过无数次，让我受益良多。大多数时候采取的步骤都不是对策，而是为了看得更深入，获取更多的事实和数据。

在确定下一步的时候，我会用到一个战术：让进行流程分析和建立目标状态的同一个人来决定下一步怎么走。这个方法可以省去"下一步是什么"的讨论。往前走一步，就能看得更远（见图 5-32）。

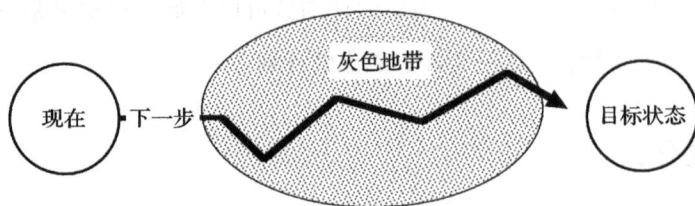

图 5-32　一旦踏出第一步，学习的过程就开始了

准备开始

一旦确定目标状态和下一步，表示你已经准备好朝着目标状态前进了。丰田会怎么做呢？这是改善套路的另外一部分，也是第 6 章的主题。

可以马上动手的事情是分析和评估一个流程的稳定性，这是开始掌握现状的好方法。如何可能的话，分析组装流程或者定拍工序（pacemaker process，定义见附录 1）。带着秒表、铅笔和记录纸，站在生产线的最后一个工序，选择一个流程点，观测多长时间会有一个零件通过那个点。连续观测 20 ～ 40 个循环，记下每个循环的时间。

然后走到上游工序，以同样的方式观测每个操作员的工作时间。在操作员的整个工作循环中选定一个参考点，这也是开始或者停止秒表的时间点。从这个点开始计时，直到操作员完成一个循环回到这个点再停止秒表，不管这个过程有多长。对每一个操作员重复 20 ～ 40 次，然后用图表上的点来展示观测结果（见图 5-33）。切记不要计算或者用平均数来表示，因为平均数会隐藏流程的不稳定。

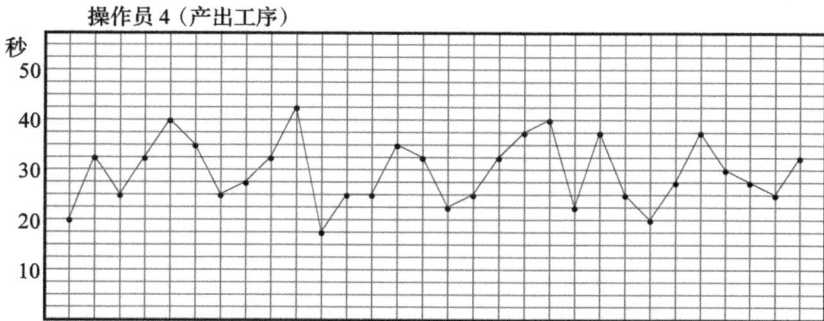

图 5-33　观测连续的工作循环，检查流程的稳定性

现在，观察这个流程，然后问自己："是什么阻碍了这个流程的操作员以稳定的周期作业？"流程稳定性并不是完整的目标状态，但是开始这样的观察是理解现状和确定目标状态的好起点。

生产流程典型的初期目标状态

虽然有很多例外，但是一个生产流程的目标状态在初期的时候通常包括下面这些一般性的分类。每个类别也都会有一系列的目标状态。

1. **建立"1×1流动"，用正确数量的操作员满足计划周期时间。**如果流程还不稳定，还不能满足顾客的质量和数量的要求，那么在尝试其他改善之前先搞定这个。在没有建立基本的稳定性之前，不用费力去担心怎么把流程的目标状态和公司的目标连接起来。

2. **小批量，均衡化生产。**

3. **通过看板将价值流中的流程彼此连接。**

4. **进一步改善。**这包括与部门目标一致，朝着愿景方向前进，减少计划周期时间和节拍时间之间的差距，降低生产批量，以尽可能接近单件流等。

问题解决和调整：迈向目标状态

设定目标状态只是改善套路的一部分，另外的一部分是克服在向目标状态前进的过程中遇到的障碍，这也是积累学习经验的地方（见图 6-1）。目标状态的设定要比达成目标状态简单多了。

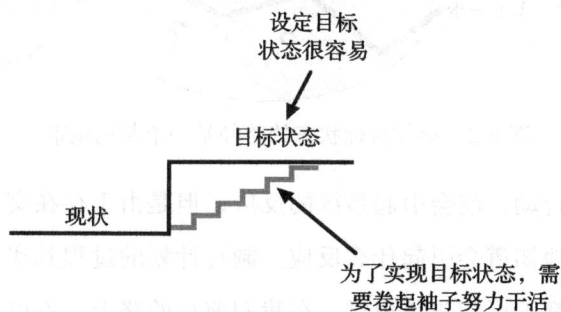

图 6-1　实现目标状态需要努力工作和学习

第一件事：假设前方的道路不明

首先，对于如何达成目标状态，我们必须调整自己的预期。我们往往制订计划，然后期望按计划实施。但是现实却不会按计划发展，也无法预测，因此，制订计划之后按计划实施并不是一个有效的方式。举例来说，试想飞机的降落：

现在的状态： 以 30 000 英尺⊖的高度巡航

目标状态： 降落在跑道上

计划： 按照预计的飞行路线 / 轨道降落到跑道上

如果飞行员设定好飞机降落的预计飞行路线之后，便不能进一步调整，你作为乘客会是什么感觉？从 30 000 英尺高到地面的跑道之间，有太多不可预测的强风，如果按照计划降落，事实上飞机根本到不了跑道。

目标状态正如这个过程，没有人可以提前瞄准目标。无论计划多么完善，都不得不承认通往目标状态的路径是不清晰的，是一个灰色地带（见图 6-2）。

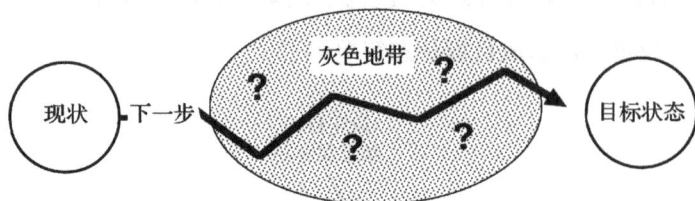

图 6-2　通往目标状态的路径是一个灰色地带

一旦采取行动，就会引起系统的反应，但是由于存在交互连接，我们没有办法确切地知道会引起什么反应。制订计划的过程其实是在预测，无论怎么努力，都不可能避免犯错。在我们前行的路上，不可避免地会出现计划之外的问题、异常、错误的假设和障碍（见图 6-3）。这是很正常的，我们需要多加留心，根据沿路学到的经验和教训做相应的调整。

⊖　1 英尺 = 0.3048 米。

图 6-3 预测和实际之间的差距

预测是非常困难的，尤其在预测未来的时候。

——尼尔斯·玻尔（Niels Bohr）

丰田如何通过灰色地带

目标状态一旦建立，同时也就有了计划，然后丰田便会把重心放在下一步。我们不需要对未来的活动或者步骤进行冗长的讨论，因为一旦采取行动，所面临的情况就已经发生了变化。

在上一步学到的经验可能对下一步产生影响，因此，丰田沿路学习，不断调整，以小而快的步伐朝着目标状态前行。一步一个脚印，一次只前进一步，根据当前的实际情况不断进行调整。这种方式和按照预定的计划或者行动清单行事有很大的不同。

根据沿途学到的经验不断调整，丰田像科学家一样取得进展。一位科学家会善用所学，根据每个实证的洞见调整前进的方向。

我每天都在学习为了明天的工作所必须知道的事情。

——阿诺德·汤因比（Arnold Toynbee），解释他的高效

在视野所及之处，没有什么亘古不变的定义。每走一步，范围便不同，视野也已改变，目前所被框定的一切，在我们眼中都

已经大有不同。

——詹姆斯 P. 卡斯（James P. Carse），纽约大学荣誉教授

计划就是变化。

——张富士夫，丰田汽车公司董事长

如图 6-4 所示的阶梯图是另外一种形象的方法，可以展示丰田是如何朝着目标状态前进的。

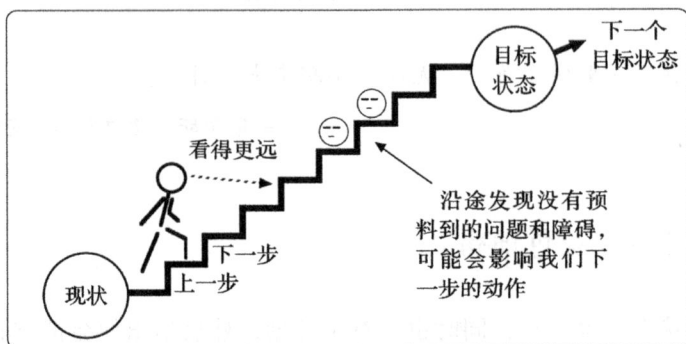

图 6-4　丰田如何朝目标状态前进

这里有一个很好的类比：假设你已经决定好要去哪里（目标状态），但是从这里到那里的路上漆黑一片。虽然手上有一个手电筒，但是手电能照亮的距离只有一小段（见图 6-5），如果想要看得更远，发现在暗处的障碍，就只能往前再走一步。

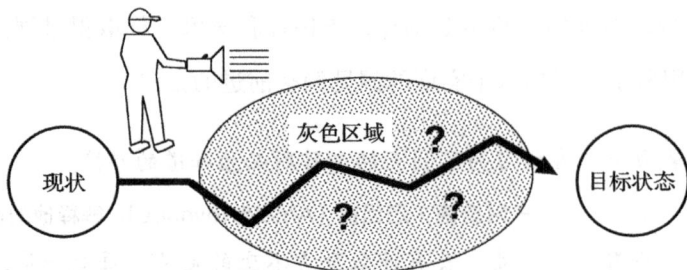

图 6-5　手电筒的类比

这就是计划 – 执行 – 检查 – 行动

由于目标状态在我们手电筒的照程之外，因此，我们没有办法准确地看到（预测）前进的道路，只能通过试验来找到前进的路径。这其实就是科学的方法：设定假设，通过直接观察得到的信息来检验假设。

这种试验的方法或者步骤被总结成广为人知的 PDCA 循环（见图 6-6）。

1. 计划（plan）：确定你期望去做或者发生的事情。这就是假设或者预测。

2. 执行（或试验，do）：检验假设，也就是按照计划的方式运行流程。通常在开始的时候会小规模试行，仔细观察运行情况。

3. 检查（或者研究，check）：将实际的结果和预测做比较。

4. 行动（接下来要做什么，act）：把有效的方法标准化，并稳定下来，或者重新开始一个 PDCA 循环。

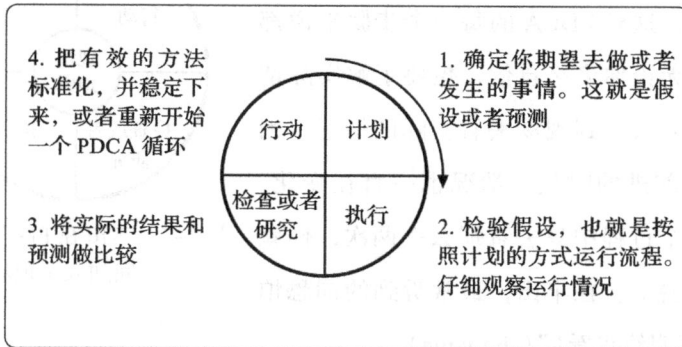

图 6-6　PDCA 循环

PDCA 的步骤也就构成了获取知识的科学方法。只要我们使用得当，PDCA 是一个实用的工具，可以帮助我们通过灰色地带，达到目标状态，塑造一个学习型的组织。

PDCA 可能最早在 20 世纪 50 年代由爱德华·戴明（Edwards Deming）在日本开设讲座的时候介绍给日本，虽然当时可能没有用 PDCA 这个词，而且戴明介绍的版本可能还是休哈特的版本。沃特 A. 休哈特（Walter A.

Shewhart）提出的环状或者螺旋状的循环，最早出现在他 1939 年出版的著作《从质量管理的角度看统计方法》（*Statistical Method from the Viewpoint of Quality Control*），用来描述"获取知识的动态的科学方法"。可想而知，日本人应该很早就知晓休哈特的著作，也已经熟知这个科学方法。

1950～1952 年，戴明在日本讲课，培训当地的工程师和统计人员，也给高层管理人员开设讲座。值得注意的有趣之处是，他将休哈特的循环这个统计技术视为一种管理工具，强调全面管理的概念。换句话说，戴明的演讲谈的是思考和管理的方式，而不只是技术。很显然，丰田也是这样运用 PDCA 的，PDCA 成为丰田各级管理人员改善和领导的战略方法与基础。

丰田后来在 PDCA 循环中间加上了"现场观察"（go and see）这几个字（见图 6-7）。他们认为，这对 PDCA 的每一个步骤来说都很重要。无论你多么自信，想要了解实际情况，一定要亲自到现场去看实际的情况。因为当你在前进的时候，情况也一直在变化。如果在这个过程中只去看那么一两次，你就会和现实脱节。在丰田，最常听到的词恐怕就是："证明给我看！"（show me）

图 6-7　丰田在 PDCA 循环中间加入了现场观察

我在葡萄牙遇到过一个很好的例子，这个装配流程可以解释现场观察的必要性。办公室的工程师说，他们可以计算机器的产能，然后就可以知道装配流程的瓶颈在哪个工作站。可是当我们真的到生产现场的流程去看，当时出现瓶颈的是完全不同的工作站。流程中现场真实的情况和问题与工程师在办公室根据数据计算出来的不一样。这也正是为什么丰田会把事实和数据区分开来，而且尽可能倾向于事实而非数据的缘故。

PDCA 的要点

我们很早就已经知道 PDCA，但一直没有像丰田那样在改善套路中应用它。如果想要更深入了解 PDCA，可以从科学试验、探索和学习的领域仔细思考以下四点。

1. **有自我调整能力的进化系统，本质上就包括了试验**。既然前方是一片灰色地带，要前进就必须进行试验。譬如目标状态，不过就是一个用来进行试验的方案而已。

> 假设如网：唯撒网者有所得。
>
> **——诺瓦利斯（Novalis），德国浪漫主义诗人**

2. **只有试验才能检验假设，而不是通过理论探讨、个人观点或者判断**。这就是我所说的检验胜过夸夸而谈。当你听到诸如此类的表述"我相信……"或者"我认为……"的时候，最好停止空谈，而是付诸实践。尽快去检验。通常先小规模试行，这样，你才能站在事实和数据的基础上看得更远。

> 权威的声音、言之凿凿的理由和辩论，都不如试验来得有效，悄无声息就改变或坚定了我的想法。
>
> **——罗杰·培根（Roger Bacon）**
>
> 亲身体验的时刻是最确定的真实。
>
> **——本杰明·博雷茨（Benjamin Boretz），作曲家**

3. **如果想要一个科学的试验，那么假设必须是可以被证伪的**。这个观点稍微有点难以理解，但却能让我们更接近丰田现在正在做的事情。如第 5 章所述，参访的高级管理人员在观察某个装配流程的均衡化计划之后，只是点头赞许，却没有问："现在妨碍你们没有办法这么运行的事情是什么？"这表示这个观点还没有深入人心。那位管理着 6000 名员工，正在计划导入拉动系统的厂长也一样。

如果我们假定任何时候计划的任何事情都可能无法按计划进行，也就是说，当我们认为自己的假设总是有出错的可能的时候，我们才会把沿途所学到的教训放在眼里、记在心里。相反，如果我们认为凡事都可以按计划进行，便很容易蒙蔽双眼，如葡萄牙工厂的工程师那样，自以为知道流程的瓶颈在哪里，也会倾向于施加更大的压力（规定）来确保按计划进行。如果我们期望所有事情都能按计划进行，那么结果就是没有改善和调整。

> 原则上，科学的游戏永无止境。有一天，当有人决定科学论述不再需要任何检验，可以盖棺定论时，这个人就从游戏中出局了。
>
> ——卡尔·波普尔（Karl Popper）

4. 假设被证伪的时候，也就是我们获得新的洞见的时候，继而提升能力。 想象一个在实验室的科学家，穿着白大褂，带着厚重的手套，在排烟柜下方慢慢地将装在两个烧杯内的透明液体倒在一起。科学家预测混合两者会产生蓝色的液体。如果结果是蓝色，那么这个实验确认了某件科学家已经相信的事情，他并没有学到什么新的东西。假设没有被证伪，实验不过是确认了科学家已经认定的观点。换句话说，如果没有问题，也就没有很大的改进。

另一方面，如果混合两种液体发生了爆炸，科学家灰头土脸地拿着两个破了的烧杯看着这没有预料到的结果。那么，他即将会有新的斩获。

> 问题产生时候的认知水平是不足以解决问题的。
>
> ——阿尔伯特·爱因斯坦（Albert Einstein）
>
> 从来没有失败的实验，只有结果出乎意料的实验。
>
> ——R. 巴克敏斯特·富勒（R. Buckminster Fuller）

失败是学习的机会，因为失败暴露了系统的局限性和我们观念中有限的视野。这也是为什么丰田会说"问题是宝藏"的原因。问题让我们看见了通往目标状态的道路。为了更好地看清下一步，你会常常偏离路径（再次强调，最好是小范围的试验，不要影响到顾客）。每当想到我们这些领导人、经理和主管如此费心费力想要让所有事情都丝毫不差，按计划进行，就会觉得这个观点如此吸引人。进行试验的主要原因并不是检验某件事情是否行得通，而是要知道什么事情不会按计划进行，然后要做什么才能继续向前。

学着换个问法

当我们向目标状态前进时，有时会听到一种说法："我们看看这是不是行得通。"既然我们谈的是做试验，那么这看起来是一个合理的问题。然而，这个问题其实相当于循环论证[⊖]的谬论。人们为了既得利益而想保持现状的时候，会用上述的说法。简单地说，很少有事情会在第一次成功，第二次就成功的也很少。

之前我也常常因为这样的问题苦恼不已。我们到了工厂现场，想要试验某件事情，有些人就会抱着双臂，然后说："好吧，让我们来看看是不是行得通。"这个检验在短时间内当然会失败。他们对了，我错了，试验结束了。当问题、困难或者一个错误的步骤刚刚开始出现征兆，就会有人宣称："哎！这个行不通。"然后经常就是："还是按照原来那么做吧，至少我们知道那样是行得通的。"

最后，我终于明白要怎么应对这个问题。现在，只要人们抱起双臂说："让我们来看看是不是行得通。"我会说："我可以帮你节省一点时间，我们已经知道大概行不通。不管怎么规划，在短时间内都会是一塌糊涂，惨不忍睹，只是我们无法提前知道在什么时候什么地方会失败。"

⊖　循环论证的原文为 circular argument，用来证明论题的论据本身的真实性要依靠论题来证明的逻辑错误。——译者注

这个时候，紧抱的双臂会稍微有些放松，我会跟着说："我们应该扪心自问，重点不在于是不是行得通，而是思考必须做什么事情才能行得通。"团队的思维经过这样的梳理，为了向目标状态更近一步，各个层级的人提出来的那些聪明的点子总是让我惊喜不已。

丰田对不能按计划进行的事情更有兴趣

如图 6-8 反映出来的思维方式，是丰田改善套路的基础。

"没有问题"=有问题

图 6-8   不同的思维方式

阐述：如果没有问题，或者努力看起来没有问题，从某种意义上来说，我们的公司是停滞不前的。丰田的管理层希望在外部顾客受到影响之前就能看到小问题，并善用它们来培养我们展现出来的潜能。如果因为问题而备感威胁，不是将问题隐藏起来，就是在没有充分分析和了解情况之前，就用灭火的方式迅速拟定对策，"解决"问题。这里的要点是：不要责备失败，而是要从中学习。

改善套路如果要发挥作用，就不能针对个人，给人一种正面、有挑战性而且不归咎责任的感觉。为了达到这个目的，一般来说，丰田不会认为或者判断一个异常或者问题是好还是坏，而是看成工作系统中发生的事，或许可以从中学到一些东西。某个我们不想要的事情（可能是一个问题），却不需要判断是好还是坏，这对于西方人来说有点难以理解。这近似于"理解"和"接受"之间的差别。设法理解某个情况发生的原因，不表示你必须接受它。理解其中的差别会让你成为一个更好的问题解决者。有趣的是，如果查字典里面对"问题"的解释，你会发现里面并没有我们经常赋予这个词的那些负面的解释。

举例来说，有一次在丰田的总装工厂，他们告诉我每班正常拉动按灯的次数大概是 1000 次。每拉动一次，就表示操作员遇到了问题，需要向小组长请求帮助：这里有一个螺栓滑牙了，那里某个工作花了太多时间等。很自然地，每班拉动按灯的次数会有所变化。有一次我听到的数字是 700 次 / 班。当我询问丰田以外的经理人，在这种情况下他们会如何应对的时候，得到的回答经常会是："我们会庆祝这个改善。"

但是据我了解，当每班次的按灯数量从 1000 降到 700 的时候，在丰田真正发生的情况是，工厂总经理会召开全员大会，对全体员工说："按灯数量的降低，只代表两件事情。一是我们遇到问题了，但是没有请求帮助。我要提醒各位，你们有责任在遇到每一个问题的时候拉下按灯。另外一个可能就是，我们的问题真的变少了。但这样我们的系统就存在浪费，而且我们每班次配备了处理 1000 个按灯的人力。所以，我要求班组长们监控这个情况，有必要的地方减少缓冲库存，这样我们才能回到每班 1000 个按灯数量。"这和我们现行的思维方式截然不同。

还有另外一个例子，有一个团队参观美国底特律的一家汽车总装厂，同行的包括一位前任丰田高管。我们参观的一个工厂的厂长很骄傲地说："我们的汽车总装线按照三班运转，从来不停工。"这位前丰田高管略带讽刺地回答："啊！那大家一定都表现得很完美。"

我们都听说丰田所取得的成功，但是却不知道是每天发生的无数个小失败，构成了这个公司成功的基石。丰田每天都在解决问题，我们则往往藏起小问题，直到它们变成复杂而且难以剖析的大问题为止。在问题发生的时候就加以辨识、分析根本原因，并利用学到的经验进行调整，坚持不懈地往目标状态前行，丰田可以说是掌握了这个精髓。

把重点放在流程，而不是责备

不责备失败，而是为了前进，向失败学习。丰田的这个做法产生了一个有趣的效果：不去判断一个异常或问题是正面还是负面，会将注意力从人的身上转移到流程上。我们都知道绝大多数的问题都是人们工作的系统造成的，而不是个人本身造成。因此，丰田坚持不责备的态度，将重点放在流程上，而不是围绕着流程的人身上。这其中的假设如下。

- 人们都已经尽力而为。
- 一个问题的发生都是系统问题，换成其他人，同样的问题还是会发生。
- 每件事情都是事出有因，我们可以一起努力找出问题发生的原因。

关于这个方面，我从丰田那里学来一个非常优雅的问法："是什么事情阻碍操作者按照标准操作？"我鼓励各位在朝着目标状态前进的时候，试着问一下这个问题，因为它会改变你的思维和你看问题的态度。

　　严待流程，宽以待人。

——丰田汽车公司

不过要注意的是，虽然异常、问题或意料之外的结果不需要判断是好是坏，而且认为系统才是问题所在，但丰田不仅着重关注问题，也关注人们如何应对问题。我们是否有足够的紧迫感和关注度？我们是否遵循了改善套路？如图 6-9 所示，我们不能把丰田"不责备"的文化和一个轻松随便的"无所谓"作风混淆。

不是这样　　　而是这样

图 6-9　不要混淆"不责备"和"无所谓"

丰田如何运用 PDCA

那么，在真实的生活里，PDCA 循环包含哪些内容呢？假设是一个起床上班的流程，目标状态是醒来后 60 分钟内坐到车里准备开车去上班。以下是一个可能的 PDCA 循环：

计划：醒来后 60 分钟内坐到车上（目标状态）；

执行：醒来，完成早上的例行公事，坐到车里；

检查：坐到车里的时候看一下总共花了多少时间；

行动：下一步待定。

当我们坐到车里开始检查早上的例行公事花了多长时间的时候，发现是 64 分钟，或者也可以说是超过目标状态 4 分钟。我们从这个流程的试验中学到什么？如图 6-10 所示：没学到太多东西！总时间超过 60 分钟（太长），但我们说不出来早上的例行公事在哪里出了问题。更严重的是，任何可以让我们达到目标状态的调整都已经为时过晚。

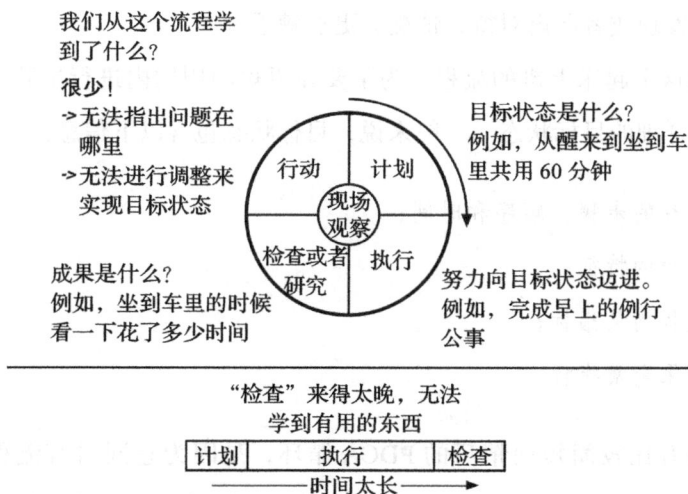

图 6-10　只检查结果能学到的很少

每次我拿这个起床上班的例子做课堂练习的时候，就算对这个问题一无所知，学员们也会马上提出改善建议，无一例外。例如把闹钟提前4分钟，或者缩短洗澡的时间等。我们想要直接提出对策并实施的冲动是如此强烈，而以成果或者结果为基础的主流管理系统正是形成这种强烈欲望的温室。

这个PDCA的试验有两件事情是错误的：①"检查"来得太晚，以至于无法学习到有关这个流程的任何有用的东西，也就无法在中间调整；②这个目标状态只明确了结果，也就是说这根本不是一个目标状态。

历史告诉我们，很多看似巨大而突然的变化都是缓慢发展而来的。问题在于我们没能注意到这些正在发生的小变化，也没有认真对待。反之，丰田清楚地指出，没有什么问题小到不需要回应。一个有意识自我调整的组织，在问题还很小而且容易掌握的时候就能发现。

例如这个关于减肥的说辞："我开始只是慢慢长胖，有一天突然就太胖了。"如果你不希望体重增加，并在增长1磅[⊖]的时候就发现了，你就能明白是什么原因，也比较容易就能纠正，达到目标。相反，如果你在增长15磅之后才发现或者严肃对待，情况会更加棘手。

回到这个起床上班的流程。为了要在更短的周期内进行试验，我们需要一个更详细的目标状态。一般来说，目标状态包含以下信息：

- 流程的步骤、顺序和时间；
- 流程的特征；
- 流程衡量指标；
- 结果衡量指标。

丰田有比较简短而精巧的PDCA循环，是因为它同时有流程衡量指标和结果衡量指标（见图6-11）。长期而全面的循环会去检查结果，更重要的是，很多短的PDCA循环会沿路检查流程衡量指标。听起来好像很复

⊖　1磅≈0.454千克。

杂，简单来说：在通往目标状态的阶梯上，每一步都是一个 PDCA 循环（见图 6-12）。一步一个假设，我们在检验每个假设时学到的经验，都会对下一步有影响。

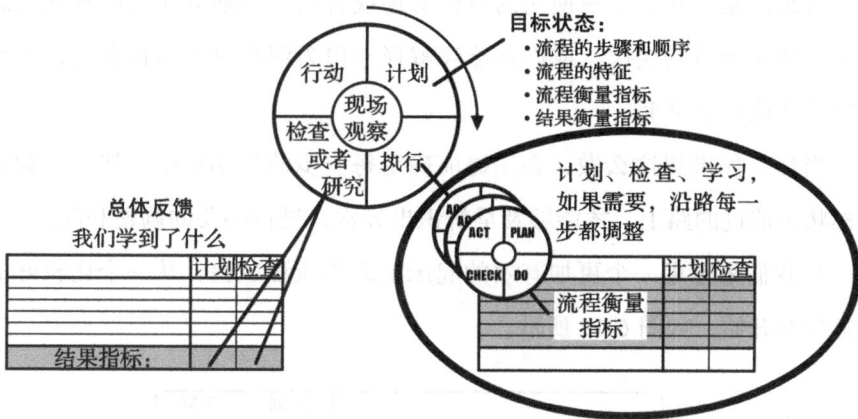

图 6-11　结果指标和流程指标

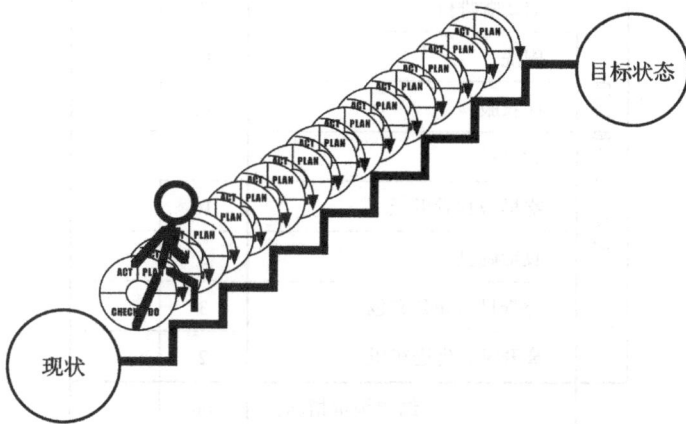

图 6-12　每一步 = 一个 PDCA 循环

如果有较短的 PDCA 循环，组织就已经达到一定的层次，持续改善、问题解决和调整都可以有效实施。例如，在物竞天择的自然法则下，某个族群的鸟类可能比另外一个族群更有利，但是这会发生在细节的层次，如鸟喙的长度或者其他的属性。我们可以有一个消除饥饿的愿景，但是要做

到这件事情，会牵涉许多细节，就如卡车需要燃油、马路需要开通等。我
们可能想要开发一款电动汽车并上市销售，但是这个目标能不能实现，都
建立在细节的层次。

有趣的是，我们正在使用的目标管理或者员工激励等流行的管理理念
都未曾触及细节的层次，或许这能够解释丰田为何在改善和自我调整上面
区别于其他竞争对手。

当然，如果想这么做，必须提前确定每一步的预期结果。然后在朝着
目标状态前进的路上，才能够及早辨识出异常，进行必要的调整和改善。

让我们来整理一个更加有效的起床上班的流程试验，从一个比较好的
目标状态开始，如图 6-13 所示。

		计划分钟数	实际分钟数
步骤、顺序和时间	闹钟的间隔	5	
	启动咖啡机	3	
	盥洗	15	
	穿衣服	10	
	做早餐	7	
	吃早饭和看报纸	10	
	收拾碗盘	5	
	检查日历和公文包	3	
	离开家，坐进车里	2	
	结果衡量指标：	60	

图 6-13 上班流程试验方案：包括步骤、顺序、流程衡量指标
（每个步骤的时间）和一个结果衡量指标

现在我们能够沿路检查、学习和调整了。如图 6-14 所示，做早餐比计
划时间长了 4 分钟。我们不但知道问题出在哪里，也能调整剩下来的步骤，
使自己仍然能够达到 60 分钟的目标。

		计划 分钟数	实际 分钟数
步骤、顺序和时间	闹钟的间隔	5	5
	启动咖啡机	3	3
	盥洗	15	15
	穿衣服	10	10
	做早餐	7	11
	吃早饭和看报纸	10	
	收拾碗盘	5	
	检查日历和公文包	3	
	离开家，坐进车里	2	
	结果衡量指标：	60	

图 6-14　更清楚地看到发生什么事情

　　和第一次只有结果指标的试验相比，第二次加入了流程指标和短的 PDCA 循环，就像戴上了一副眼镜，第一次能看清楚实际状况。难怪有时候经理们会惹恼一线操作员：短暂地看一下流程，就设定绩效激励机制，胡乱地给出一些消除浪费的建议，然后扭头回到办公室。

　　在这个起床上班的案例中，我们还没有准备好给出对策，因为我们并不知道在做早餐这件事情上出了什么问题。因此，下一步是更仔细地观察做早餐这件事情，并问："是什么事情让我们无法在 7 分钟内做完早餐？"

　　回到制造的案例中来。比如某个流程的目标状态是在两班内生产 32 箱产品。如果我们在班次结束之后才检查结果，一旦发现短缺，要想追溯和理解发生的原因会非常困难。因为每个班次都会发生各种各样的小问题（想想看，丰田的总装厂每个班次都会有 1000 次按灯），引起问题的原因在班次结束之后也无法再现。更严重的是，由于我们没有及时调整，如果这时想要弥补短缺的产品给顾客，也基本没有什么办法可想了。

　　换个方式，如果每一箱产品或者相应的看板卡片需要 30 分钟的时间生产，那么就可以将这个时间当作一个提前预警，作为衡量流程的指标（见图 6-15）。我们可以每 30 分钟检查一次，如果发现短缺，这个时候根本原因的踪迹还清晰可见，也还有机会弥补短缺。

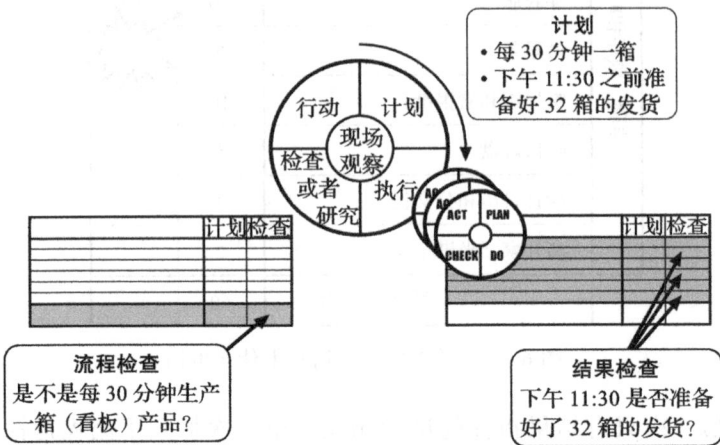

图 6-15　看板可以作为流程衡量指标

　　这和我们工厂的运作形式形成了鲜明的对比。大部分时候，我们会要求操作员完成一托盘的产品之后再呼叫物流来取货。从有效的 PDCA 循环来看，不仅这个时间太长，而且物流人员是在产品生产完成之后而不是产品应该生产完成之时来取货。这样就完全不具备试验的特征。我们为什么要这么做？我们的假设是什么？这些假设和丰田的有什么不同？

　　如果我们想要以较短的时间间隔进行检查并利用所得到的信息，那么支援人员必须有适当的反应能力。例如，我们很多工厂都用白板来检查流程的小时产出，看起来和丰田的工厂没什么区别。但是我们写在白板上的信息，更多是用来解释为什么没有完成目标产量的，而不是用来在当时就触发快速的反应。这是典型的例子：复制了丰田的工具，却没有理解工具背后的思维。

正确的心态。有时候，频繁地检查流程会被误解成鞭策员工更努力工作的手段（见图 6-16）。讽刺的是，这么做会造成一种人为的假象——真实的情况模糊不清，这样就限制了我们改善的能力。例如，如果人们只在领导靠近的时候才上紧发条，改变作风，那么这个领导就不会看到真相。如果想改善，学习丰田的风格，我们就必须要有正确的心态：因为想要找到问题，所以才检查问题。

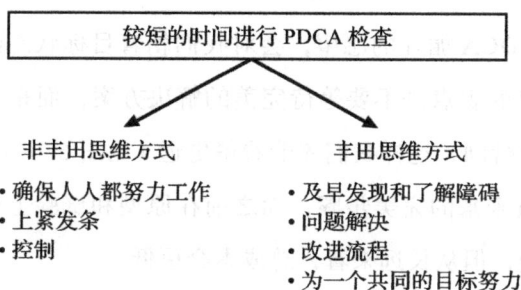

图 6-16　你怎么思考人们就怎么反应

快速的周期

问题、异常或者意料之外的结果都会否决我们的假设，但正是这样才让我看清前进的道路。丰田也非常想尽快发现下一个障碍或者问题。由于只有往前迈出一步（一个 PDCA 循环），才能看到下一个障碍，所以我们就应该尽快采取行动。

如第 2 章提到的，一般来说，丰田会培训你专注于单因素试验，也就是说，一次处理一个问题，在一个流程上一次只改变一件事情。这可以帮助我们厘清因果关系，更了解流程。但是如果一个循环就要耗费很长时间，那步伐就太慢了。

基于这些原因，单个的 PDCA 循环要尽可能快，有时候一个循环只需要几分钟的时间。如图 6-17 所示。

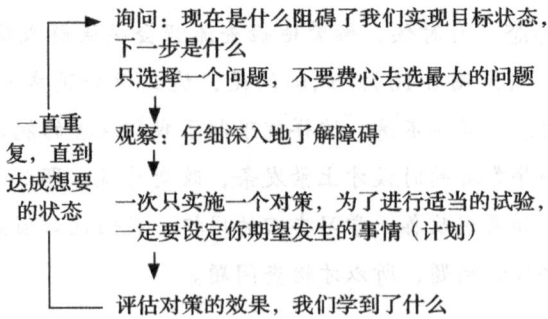

图 6-17 以快速的循环进行试验

快速实施 PDCA 循环的愿望，会对我们朝着目标状态的下一步产生本质的影响。这里的观点是不要等待完美的解决方案，而是不管你手上有什么，现在就采取行动，这样我们才能看得更远（见图 6-18）。一个当下的临时性的动作胜过未来的完美步骤，而之前在原型和试验上所做的投资，看似是额外的花费，但从长远来看，总成本会更低。

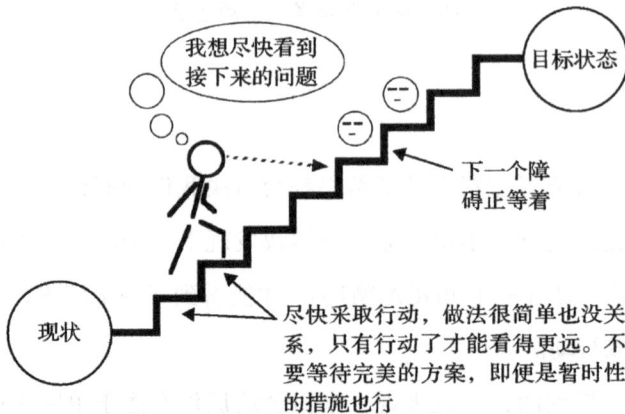

图 6-18 不管你手上有什么，现在就动手做

这个例子还是第 5 章提到的那家德国工厂，装配流程的目标状态有一部分是 16 秒的计划周期时间。那一对观察员连续观测了 20 个循环，然后自己问："什么事情阻碍了每 16 秒有一个零件通过？"后来他们注意到操作员每隔一段时间就需要离开生产线去拿一托盘新的零件，导致周期时间不稳定。

　　他们提出来的下一步是，开发出更好的物流概念，让零件可以送到操作员手上。做这件事情需要多久？如果我们要等到物流部门开发出一个运送到点[⊖]的物流系统，那可能需要好几周。在此期间，这个波动就无法消除（见图 6-19）。开发新的物流概念和计划当然很好，但是不用坐等它完成。如果可能，马上改用暂时的方法，这样就能马上看到下一个问题，并继续向前迈进。

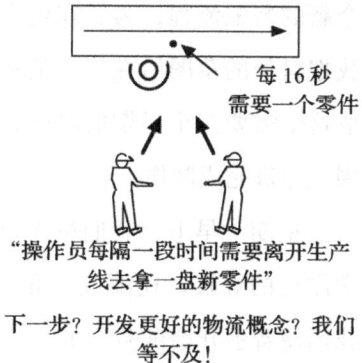

每 16 秒
需要一个零件

"操作员每隔一段时间需要离开生产线去拿一盘新零件"

下一步？开发更好的物流概念？我们等不及！

图 6-19　马上采取行动

　　我们来看一下另外一个案例，这是一个生产液压缸的工厂，客户就是附近的挖土机公司。成品液压缸有很多尺寸，根据不同的尺寸在托盘上打包，一个托盘一种尺寸。每个托盘都有一个特制的固定器来固定数个液压缸，但是只能用于一个尺寸。因此，每种液压缸的最小订货批量就是一托盘。但是，顾客每次订货都只需要两个液压缸，不管什么尺寸。所以顾客的收货区积压了好多已经开箱但是没有用完的托盘。

　　为了让这两个工厂之间更接近于"1×1 流动"，有人建议下一个目标状态是：只运送顾客实际订购的一对液压缸。这会需要一个不一样的固定器，实现将不同尺寸的液压缸装到一个托盘上。不过，这就需要重新设计和制造固定器，得花费好几个星期。

　　这样的耽搁在丰田的思考模式里面是不被接受的，他们会尽快引进一个暂时性的固定器解决办法，即便这么做会有一些浪费。但接下来，丰田不仅可以知道为了达成两个工厂之间的"1×1 流动"，下一个障碍是什么，而且在制造昂贵的固定器之前，也可以对固定器的设计进行调整。说不定因此开发出更聪明的解决方案，根本就用不上价格不菲的固定器。

　　说到可以调整的暂时性方案和完整实施方案之间的故事，我在很多年

　　⊖　运送到点的原文为 point of use，缩写为 POU。——译者注

前实实在在摔了一跤。当时我们在一家大型的汽车零部件制造厂设计了一个新的装配流程，为了在生产线边放置零件，我们需要一些流动料架。当我把料架的草图给在工厂负责制造这类工装的维修部门看，他们告诉我完成这个需要三个星期的时间，由于我们的项目有优先权，所以他们同意在周末加班完成制作。

星期一早上，我们所需要的料架已经摆在那里。料架由角钢制成，非常漂亮的焊接，还漆成了和工厂其他设备一样的蓝色。生产线有了料架，我们便着手开始试验。果不其然，我们的试验会导致许多生产线的小修改，包括把一些工作内容从一个操作员转移到另外一个操作员。这表示相关的零件也得转移到不同的流动料架上。当我们在四处移动东西的时候，发现流动料架也需要修改，例如更改料架的高度等。

想象一下，当我把这些周末赶工出来的漂亮的流动料架带回维修部门，告诉他们需要修改的时候，我会得到怎样的"欢呼"。这一次需要三个星期的时间。很明显，就算开始的时候看起来要多花时间和费用，我们仍应该先用临时性的料架，等到情况稳定以后，才逐步制作比较精巧的东西。

再强调一下，我们往往对自己的计划太有信心，而且步子跨得太大，以至于没有留下改善和调整的空间。

敞开胸怀

在实施 PDCA 循环的时候，要尽可能地敞开胸怀，遵循科学的方法，因为下一步可能和你的预期不一样。很难做到不偏不倚地看待局势，或许需要毕生的努力，才能学会在看待所发生的事情时，不带入自己先入为主的想法。

结果

丰田为什么能够在完成自我设定的挑战（目标状态）上，比其他组织都成功呢？对这个原因，我们一直都存在误解。原因并不是我们经常认为的：丰田人更有纪律性或者遇到的问题更少。相反地，是因为他们更早发现流程层次的问题，在问题还微不足道的时候就去了解并采取措施（见图 6-20）。丰田的成就并不是依靠突发的创新或无懈可击的计划，而是面对意料之外的障碍和问题时，能更有效地执行工作。

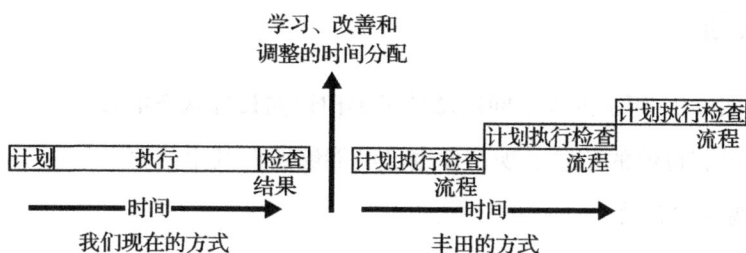

图 6-20　短的 PDCA 循环 = 学到更多

相反地，我们发现计划失败的时候已经太晚了（虽然我们经常不承认）。针对沿路出现的小问题，我们从未收集信息，采取行动并从中学习。那么，我们以为计划失败的原因是什么？计划不好、执行力不好和人为失误。

我们觉得解决方案是什么？制订一个新的计划，计划得更好一点，实施时有更好的纪律、更多的对策，还有激励人们要更小心或更努力地工作。我们可能会划分责任、增加压力，要人们更谨慎地做事或者换人。不幸的是，这些对策没有一项是根据计划失败的真正原因对症下药。我的一位同事曾经把我们的这种做法总结为：一路下来总是"没有问题"，到最后，我们就有了"大问题"。

认真看待问题是丰田持续改善和调整的基础，而在许多其他的公司里，我看到太多的人要么是掩盖小问题，要么是归咎于其他人。这两者都会局限我们看到真相与针对现状进行调整的能力。当掩盖问题加上盛行的管理理念，也就是通过目标值或者管理会计指标进行远程管理，意味着到达经理人手上的正确信息就更少了，以至于他们不是无法带领团队进行适当调整（稍微修正路线），就是为时已晚，追悔莫及。

有关学习型组织的讨论如汗牛充栋。丰田以这样的方式运用 PDCA，扎扎实实地发展成了一个学习型组织。

5 个问题

如图 6-21 所示的 5 个问题总结了丰田迈向目标状态的方法，这或许是本书中最有价值的信息。现在你也已经能够明白其中的含义，在实际中这5 个问题非常有效。

> 1. 目标状态是什么？（挑战）
> 2. 实际情况如何？
> 3. 实现目标的障碍是什么？你目前要解决的是哪个？
> 4. 下一步的计划？（新的 PDCA 循环）
> 5. 什么时候能够到现场去观察已经实施的改善？

图 6-21　5 个问题

一旦踏上走向目标状态的阶梯，也就是设定了目标状态，开始改善套路的 PDCA 的时候，这 5 个问题就可以派上用场了。这些问题是一个接一个逐层构建起来的：越好的目标状态，越能更好地评估现状；现状评估得越好，便越能识别出障碍；障碍识别得越好，下一步就越清楚。要注意的是，在没有目标状态之前，问题 1 和问题 2 的顺序会和上面的顺序相反。

这一连串的 5 个问题是一种手段，提供给你一个模式和思考方式，帮助你实现任何流程或者状态，同时也可以帮助你学习改善套路。它们提炼了改善套路的精髓，任何人都可以掌握和运用。可以说是一个"迷你套路"，而且非常适合用来练习。任何时候，每当我参观一个流程，都会将这 5 个问题谨记在心，也会用在其他很多活动上。我强烈推荐你运用和熟练掌握这 5 个问题。

丰田在问题解决中强调什么

无论"问题解决"这个词会让我们想到什么，在丰田，问题解决的核心关注并不是解决方案，而是非常深入地掌握工作系统的第一手现状，然后合适的解决方案（称为对策）就变得显而易见、信手拈来。和只寻找解决方案的方式相反，丰田在问题解决的时候将大部分的精力都放在掌握现状上，深入了解引发问题的现状是什么。

我们经常误以为好的问题解决就是把问题解决掉，也就是采取了对策。甚至会建议采取好几个对策，希望它们之中有一个能解决问题。相反地，在丰田的思维模式中，如果一个问题的解决方案还不清晰，便表示我们还没有充分了解现状，也就意味着是时候再去现场观察了（见图 6-22）。

	丰田	我们
关注点	认识工作系统 理解现状	遏制问题
典型行为	观察和研究现状 一次只实施一个对策，以理解因果关系	隐藏问题 很快提出对策 一次实施多个对策

图 6-22 "问题解决"的含义

有一个案例：一家制造飞机引擎涡轮叶片的工厂出现了一个质量问题。涡轮叶片价值流的最后一个流程是喷粉生产线，类似于涂装。有些叶片因为和其他叶片发生碰撞，导致产品表面出现凹坑。这些昂贵的零件会因为这个缺陷而报废。工程师们很快便提出数个可能的对策，包括在喷粉线链式输送带上增大叶片之间的间隔，在每个叶片中间放置一个护板等。

某个工程师采取了不一样的做法：很简单，到喷粉生产线现场去观察。看了三个小时之后，他在链式输送带需要 90 度转弯的地方注意到了一个事情：当涡轮叶片需要绕过这个转角的时候，有一些叶片会稍微逆时针旋转，这样悬挂叶片的挂钩的螺栓就会有一些松脱。当挂钩松脱的幅度大到一定程度时，叶片就会摆动，这样偶尔就会碰到旁边的叶片。这位工程师了解问题之后，正确的对策自然就有了：防止挂钩松脱。

我们之中很少有人会真的花时间去观察一个流程，并坚持不懈，直到问题的原因变得清晰。倒是常常嘉奖那些用灭火或者赶工的方式暂时解决了问题的人。我们会在第 8 章的案例中更详细地探讨丰田的问题解决思维。

进无止境

一旦开始把改善套路用在流程上，你就踏上了一条永无止境的长征（见图 6-23）。如果已经达到目标状态，同时能够以一定的稳定性日复一日地维持这个状态，那么或许是时候设定下一个目标状态了。没有一个可以为之努力的目标状态（挑战），往往如逆水行舟，不进则退。

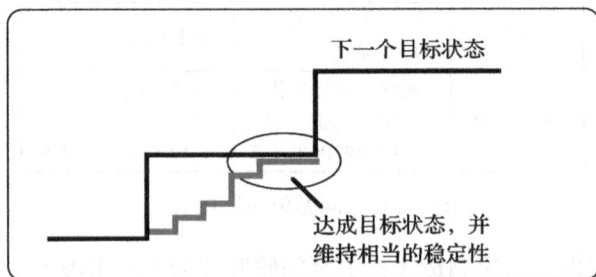

图 6-23　达成一个目标状态是下一个目标状态的基础

是时候做个全面的反思，总结我们在这个完整的改善循环中所学的经验和教训，然后准备进入下一个阶段。在努力达成现在的目标状态时，通常已经明了下一个目标状态应该包含什么要素。如果不是这样，说明你在流程的细节层次所做的努力可能还不够。

也许不能百分之百达到目标状态，比如一个生产流程就不太可能永远维持百分之百的稳定；也或者在生产流程上已经达到一种只需要对偏差和异常进行常规处理的状态，而不是还在努力实现某个目标状态。我有时候会问自己这个问题："我们在这里的工作还是很有挑战性的吗？"如果答案是否定的，也许应该去设定下一个目标状态了。

有时候你可能会不能准时达成目标状态，但有时候是可以接受的。为什么？因为我们从失败中能学习到更多。

我曾经在慕尼黑担任一个制造研讨会的主席多年。有一年，好几位演讲者在分享他们所做的改善的时候，都以一张他们获得奖项的照片（可能是奖杯或者奖状）作为结尾。这种情况连续发生了好几次，我不得不说，没错，丰田也会展示它们的奖状，但不会是最后一张 PPT。庆祝成功无伤大雅，但我们应该着眼于未来，将重点放在目标状态和下一步的计划。如果我们决定采用嘉奖，也不应该将其看成一个结局，反而应该是一个开始，更上一层楼的学习的开始。

最大的对手是你自己和现状。

第三部分总结

第三部分介绍了丰田的改善套路，一种可以在组织内实现持续改善和进化的方法。没有办法几句话解释清楚改善套路，但是经过第三部分的阐述之后，现在已经可以用图 P3-3 改善套路来简单地总结。

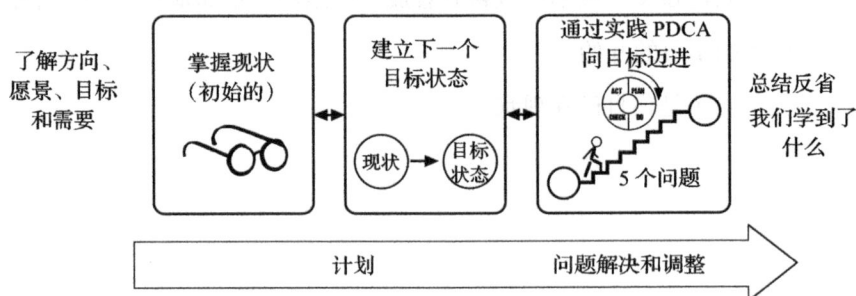

图 P3-3　改善套路

改善套路是在长远的方向下运用的，这个方向最终也可能是根本无法实现的理想状态。不过，我们通常会在相对短期、更具体的目标或者需要的范围内，实践改善套路。

将方向铭记在心，改善套路本身则是应用在流程层次。从了解流程的现状开始，这通常需要对现状进行第一手的观察和分析。

清楚地掌握了现状，整体的方向或者目标也已经了然于胸，那么就可以开始设定流程的下一个目标状态。换句话说就是："我们希望这个流程怎么运行？"

一旦确定目标状态，一系列通往目标状态的 PDCA 循环就开始了。为了实现目标状态，沿途会遇到很多我们需要克服的障碍，PDCA 循环会暴露这些不可预测的障碍。在 PDCA 循环的反馈的基础上，我们正是从这里学到经验并不断调整。

改善套路的三个步骤是叠加在一起的积木，对现状的分析越好，目标状态就会定义得越清楚，有了清楚的目标状态，也就能更快也更好地发现相应的障碍。

只要长远的目标还没有实现，一旦达成目标状态，改善套路的这几个步骤就会重复地开始。不过，在此之前需要一个全面的反省，总结从上一个改善套路的循环中学到的经验和教训。

需要注意的是，横坐标的时间并不是按比例的。譬如，要充分掌握现状，可能会花费很长时间，而现实中改善套路的这几个步骤也会相互重叠。当你尝试开始建立一个目标状态的时候，常常会发现还需要更多的关于现状的信息。当你通过实践 PDCA 朝着目标状态前进的时候，也会有所启发，也就能为目标状态加入更多细节。

由于这个研究基于制造业，因此本书在介绍改善套路时使用的案例主要都来自制造业，但同样的模式可以适用于很多情况。学会了丰田的改善套路，我们就再也不是复制丰田的解决方案，而是在学习丰田开发解决方案背后的方法。第 1 章开始提到的丰田那些令人惊讶的统计数字，也是这样缔造出来的。

自我调整的持续性

丰田通过将改善套路融入日常工作中，取得了卓越的成就：开发出一种既实用又通用的方法，同时在朝着既定的长期愿景，沿着不可预测的道路前进的过程中不断进化。理查德 T. 帕斯卡尔（Richard T. Pascale）1984年在《加州管理评论》（*California Management Review*）上发表的一篇文章中的一个词可以很好地概述，称为"自我调整的持续性"[○]。

根据帕斯卡尔的阐释，丰田经久不衰的成就并不是因为完美的事前决策或者计划（也就是准确命中目标）。只有朝着目标奋力前行，很多优先次序才能开始逐渐清晰，而不是依靠事先的计划。无数个朝着目标状态前行的

[○] 自我调整的持续性的原文为 adaptive persistence，意指持续不断地自我调整 / 适应。
　　——译者注

PDCA 循环，一点一滴地积累了丰田在成本、质量和市场上的地位。丰田根据沿途所学，一路找到前进的道路。现在看来，或许战略就是这样产生的。

其实丰田并没有给我们提供解决方案，反倒提供了一个方法，可以去观察现状，然后开发出合适而且智慧的应对措施。组织在朝着目标状态前进的时候，存续的关键在于是否能对未知的状况进行调整。丰田的高管、经理和主管正是在这个基础上经营公司的。他们不喜欢以好坏来评判面临的形势，反而认为问题本来就在意料之中，是进一步深入了解并改善工作流程的机会。丰田朝着愿景迈进的战略就是目标状态 +PDCA，也就是改善套路。更进一步，丰田的高管、经理和主管认为，他们最主要的工作可能就是，通过从做中学辅导人们改善套路。这是本书第四部分的主题。

一种思考与行动的方式

改善套路谈的是一种行为模式，理解这一点非常重要（见图 P3-4）。它是一种思考和行动的模式，驾驭人们改进和解决问题的能力。当我们从这个角度来审视和解释丰田的做法，就比较容易理解，进而可以依靠我们自己的努力在类似的基础上竞争。

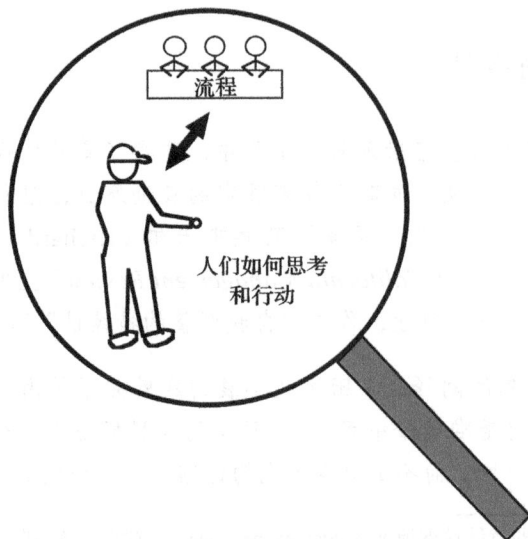

图 P3-4　改善套路是关于行为模式的

　　我早年在对丰田进行对标学习的时候，并没有明白这些事情。现在看来，这个不理解从我跟丰田人的沟通中就已经可见一斑。举例来说，我在底特律参与了很多缩短冲压换模时间的项目。有一次我到访日本，丰田人问我："那些快速换模改善的项目进展如何？"接下来我告诉他们的当然是那些最成功的案例，换模时间降低了70%或者更多等。然而，丰田的人对我所说的事情没觉得有什么惊讶。他们会耸耸肩，然后很快便换了话题。我原来认为，以他们的标准来看，我改善得还不够，必须再降低更多的换模时间。

　　今天我才明白那些对话是怎么回事了：我们有着不同的思维模式。我并没有以丰田人能够体会或者理解的形式说明我在快速换模改善上的努力（见图 P3-5）。我解释的是结果（我们实现了多少改进），而他们想要听到的是这样的："原来的状态是 x，我们制定了一个目标状态 y，我们做了 z，而且从流程中学到以下经验。"改善的程度对他们来说并不重要，他们真正感兴趣的是我们努力的目标是什么，原因是什么，如何做到的，从中学到了什么，还有我们如何将这些心得传授给其他人。

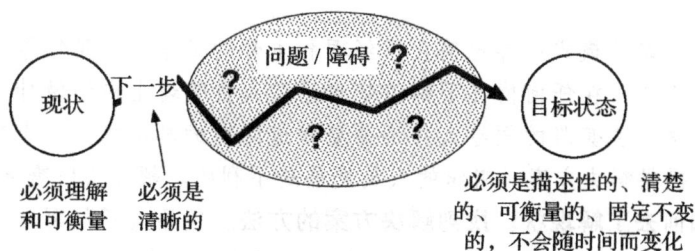

现状
必须理解和可衡量

下一步
必须是清晰的

问题/障碍 ？

目标状态
必须是描述性的、清楚的、可衡量的、固定不变的，不会随时间而变化

图 P3-5　改善是一种思维模式

　　有时候会希望能回到过去，让那些在日本发生的对话重来一次。但话说回来，或许丰田人已经达到他们的目的，因为我们已经从问题当中有所学。

需要什么样的纪律

　　有时候，经理和资深的领导者会这么宣称："我们就是需要更有纪律性。"这个观点看起来是这样：如果组织里的人能更遵守工作标准，做好自己的本分，问题就会少一些。

　　不幸的是这样行不通。还记得热力学第二定律里面的熵吗？如果我们放任流程不管，就算遵照工作标准执行，也会逐渐回到混乱的状态。无论如何，如果将问题弃之不管，操作员自然就会选择"绕道"对策。流程也就由此衰败。

　　纪律当然是必要的，但并不是以我们一直想象的那种方式。我们需要规章制度，是要公司全员，尤其是高管、经理和主管都能遵循改善套路，一种改善和调整的思考和行为模式。现在，你应该很清楚以下几点：①丰田的成就和行为模式有关；②如果想要效仿丰田，那么你的任务就是去改变人们的行为模式；③区别于实施工具、技术或者导入一系列原则，这是一项完全不同的工作。

　　对于我们中的很多人来说，改善套路是很不一样的思考方式，需要练习才能有所改变。但是一旦掌握，就会发现改善套路本身并没有那么复杂。好像这也讲得通，因为既然丰田希望组织里的每一个人都能参与持续改善和调整，自然不会用一个只有专家才能掌握的方法。

　　改善套路的模式同样也简化了经理和主管的工作。一旦领导人掌握了这个行为模式，在任何情况下都清楚自己在人员管理上应该做什么，如何着手。运用改善套路的领导人并不需要知道问题的解决方案。事实上，由领导人来提供解决方案对组织的人员发展是不利的。领导人所需要知道的，是**人们如何去了解现状，找到解决方案的方法**。领导人不仅要有亲身实践改善套路的经验，而且要知道如何带领大家学会改善套路。

　　学会改善套路让我更加有效地凝聚和领导团队，由于胸有成竹，在面对不确定的时候，也能冷静应对。以第 5 章提到的扬声器工厂为例，该工厂的目标状态之一，是无论面板有 8 个还是 18 个孔，敲入铜柱的时间都应该一致。在面临这样的挑战时，你最初得到的回应往往会略带挑衅："好啊，但是请你告诉我们，你觉得这怎么可能做得到！"

　　如果在这之前，我会设法回答这个问题，提出可能的解决方案。事实是，我不但没能回答那个问题，同时失去了培养其他人能力的机会。现在我会这样轻松地回答："我不知道，但事情本来就是这样的，如果我们早就知道答案，那这不过是执行层面的问题。任何人，包括我们的竞争对手都会这么做。我不知道问题的答案，但是我知道如何找到解决方案的方法。"

　　　　马上回答问题让我感到心满意足，而我也做到了。我说："我不知道。"

　　　　　　　　——马克·吐温（Mark Twain），《密西西比河上》（Life on the
　　　　　　　　　　　　　　　　　　　　　　　　　　　　Mississippi）

丰田的改善套路教给大家一种"有意识"的方法，去察觉现状的重点，同时做出科学的应对。这对人类来说是与获得安全感、舒适感和自信的不同做法。与其不切实际地追求现状的稳定，不如掌握如何应对不确定的方法。这会比现行的管理方法更能开发我们的潜能，也足以解释丰田为何取得如此成就。更给了我们一种几乎适用于任何企业和组织的管理模式。

　　　　……在我和丰田员工多次接触之后，我的印象是：比起其他公司的员工，在面对日常生活中出现的新状况，无论是新的问题、别处的解决方法、当前问题的部分解决方法，或者偶发的事件等，他们更将这些视为改善和提升竞争力的机会。

　　　　　　　　——藤本隆宏（Takahiro Fujimoto）[⊖]

和当前管理方法的比较

　　如果流程改善和调整最能有效发挥的地方是流程层次，那么任何一个能在这个层次系统化地持续改善的组织，应该都能在激烈的市场竞争中取得优势。如果真是这样，那么对管理学和管理学教育都有深远的影响。

　　许多公司在管理上严重依赖结果目标设定、绩效报表、以投资回报率为基础的决策模式，因此在持续改善和调整上会遇到一些微妙的挫折。有越来越多的证据显示，目标管理（至少指的是我们目前在做的这一套），以及公式化的决策机制无法使组织实现有效改善与调整，从而也无法在激烈的市场竞争中持续经营。

　　⊖　Takahiro Fujimoto, *The Evolution of a Manufacturing System at Toyota* (New York: Oxford University Press, 1999)。

其中一个问题在于，这些报告的数字都是滞后的，而且经过处理之后比实际情况看起来更好看（因为绩效奖金的缘故），正如托马斯 H. 约翰逊（Thomas H. Johnson）教授所指出的，它们是现实被抽象化的结果。衡量指标是由人制造出来的抽象概念，现实才是自然的产物。只有流程的细节才是真实的，能让你掌握真实情况。

很多高管或者经理人都受过 MBA 教育的"洗脑"，对那些定量的抽象概念寄予厚望，追求财务上的目标成果，这些抽象概念很多时候会和背后的现实脱节。决策者对真实情况的信息掌握甚少，由此会做出错误的假设，设定不适当的目标，直到问题变得严重和复杂才恍然大悟。

通过绩效指标进行远程管理会忽视和掩盖小问题，但正是这些小问题为我们指出了前进的道路。忽视和掩盖小问题会让我们无法在问题还能理解的时候从中学习，小步地及时调整。假以时日，公司的竞争优势会由此衰落。

我遇到很多经理人、高管和学者，他们不断寻找正确的绩效指标组合，希望借此激发出丰田式的流程持续改善。以现在的管理方式来看，这也符合逻辑。然而，这样的指标是不存在的。没有任何成果指标或者激励系统本身可以产生持续改善和调整。

设定目标和绩效考核指标通常不会产生期望的行为或者工作流程的真正改善。为什么？由于没有培训和指导，因此大家并不会用任何形式的改善套路去实现那些定量的目标。我的同事罗伯特·奥斯汀（Robert Austin）研究过这个现象，提出了一个精彩而清晰的评论：

> 经理人依赖于他认为好的结果指标所显示的信号。事实上，员工都知道如何以经理人预料不到的方式，让信号好看却跟结果无关。
>
> 这种制度还有另外一个糟糕之处：他们会惩罚那些在指标游戏中过于诚实的员工。[⊖]

如果我们想要一个持续改善和调整的组织，就应该找到方法，将更多的重心放在实时掌握真实情况的细节上。丰田的改善套路正擅长于此。它

⊖ Jim Austin, "Robert Austin: An Interview," *Science Career Magazine* (April 26, 2002).

提供了一个方法，让人们以实证和创造性的方式努力工作，实现那些不那么容易达成的目标。如果是以投资回报率的计算为基础的决策机制，这个方法估计从一开始就被否决了。

　　丰田的车间没有和 IT 系统相连。由于报告的数据滞后，领导人和实际情况之间的交互变得更少，管理会计的控制系统让基于衡量指标的远程管理所造成的负面影响更甚。这也是管理会计系统在丰田的工厂现场没有什么地位的原因。丰田工厂的领导人不喜欢通过会计报告了解情况，公司教导他们直接去现场观察实际情况。丰田的领导人为了培养和引导好的改善实践，会遵循改善套路的做法，在流程层次深入了解现状。

　　如图 P3-6 所示的工厂被视为一个"黑匣子"。当然，丰田的工厂还是会使用大量的流程绩效数据。如数量繁多的图表、白板、文件、信息等。但是这些数据都会在发生地点附近，而领导人必须走到流程现场去获取所需要的信息，了解实际情况。为了管理运用改善套路的组织，许多领导人可能必须以不同的做法计划一天的工作。这具有组织层面的影响力。

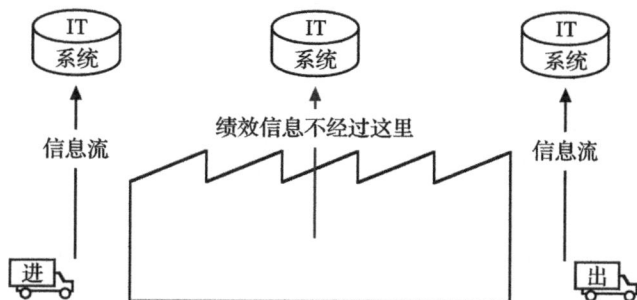

图 P3-6　IT 系统在工厂现场没什么地位

　　总而言之，改善套路给了人们一个合作的方法。例如在 20 世纪后期，有些管理理念建议经理和领导人听取和尊重下属的意见。[⊖]我看到很多组织诚心诚意想要落实这个合理但是模糊的建议，但都是毫无建树甚至更糟糕。在一个非管理或者"自我引导"的环境里，员工提出的要怎么做的建议往

———————————
⊖　这里应该指的是风靡一时的员工改善建议制度。——译者注

往漫无边际甚至是相互矛盾的，自然无法取得进展。相反地，如果一个团队不只是为了结果指标，而是为了一个目标状态而努力，同时又用共同的工作模式去实现目标状态，那么他们就有了聚焦思想和开发潜能的途径。如此一来，听取和尊重员工的意见不仅切实可行，更会是一种自发的行为。

这里有一个有趣的观察供各位思考。丰田通过改善套路确定了实施改善流程的方法，然而却没有确定题目或者范围，题目取决于要着力的重点。这在一定程度上跟我们目前效仿丰田的做法不同：我们确定主题，比如要实施看板或者均衡化，却把"如何行动"留给大家自己决定。

丰田如何确保组织里的每个人都能学会和遵循改善套路呢？这是第四部分的主题。

第四部分

辅导套路

丰田如何传授改善套路

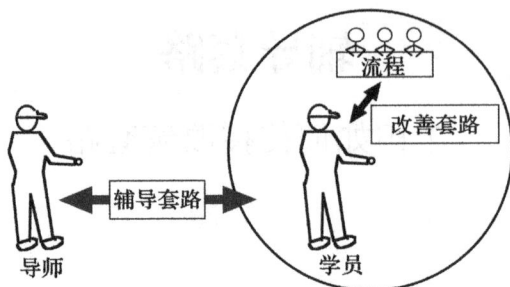

当我们了解第三部分介绍的丰田改善套路之后，会涌现出几个新的问题，如：

- 我们如何将改善套路传授给组织的每一个人？
- 我们如何确保员工参与改善的流程，在日常工作中使用改善套路？
- 我们如何知道个人需要努力培养哪些技能？
- 我们如何确定是否设定了合适的挑战／目标状态？
- 我们如何确保正确有效地实施了 PDCA 循环？
- 我们如何确保组织里的领导者能掌握流程层次的真实情况？
- 我们如何让改善套路传承下去？

第四部分的主题是丰田的辅导套路，这部分内容能够回答以上的问题。辅导套路的宗旨是传授改善套路，并让它在组织内落地生根。我们将详细阐述，在辅导组织的每一位员工学习改善套路，并有效运行的时候，丰田的经理人和主管扮演什么角色。第四部分并不是关于如何训练生产线的员工的，而是丰田如何在整个组织内培养和维持改善套路的行为。

第 7 章会先简要介绍在丰田的工厂事实上是谁在生产流程中应用改善套路。这部分向来被严重误解。接着在第 8 章，我们将会阐述丰田如何传授改善套路，以及管理改善套路的应用。

在丰田谁负责流程改善

有一个争论多年的问题：谁应该负责流程改善（见图 7-1）？以下是三个常见但是仍有争议的答案。

目标状态

谁负责设定和实现目标状态

谁来回应流程的异常

现状

图 7-1　向目标状态迈进

第一，操作流程的人？ 人们广泛抱有这个观点，丰田的持续改善是以自我改善为主的，操作员组成的团队会自主地改善他们自己的流程。一些典型的观点如下：

- 操作员最接近流程，而且被授权了。

- 我们如何让一线的操作员去解决问题？

- 我们如何让持续改善自行运作？

员工自主性[⊖]是一种对丰田的普遍看法，很不幸，却是错误的。丰田根本不是这样管理操作员和改善的。其一，既要操作员靠一己之力同时制造零件、处理问题，又改善流程，既不公平也没有效果，这也是为什么丰田会认为"员工自主小组"[⊜]是对人的不尊重。在一个"1×1流动"的生产流程中，让操作员的工作量满负荷（根据计划周期时间），又要他们同时进行流程改善，他们在体能上难以负荷，更何况许多操作员才刚开始了解改善套路和问题解决的技巧。目前，丰田并没有自主、自我导向的团队。

这并不意味着我们不应该授权给操作流程的人或让他们参与其中。事实上，通过要求员工参与来传授他们改善套路，是丰田成功的关键。这里的意思是说，对组织而言，像自我导向工作团队这样的概念，并不是授权给员工，提升员工参与度的有效方法。

第二，顺其自然？ 我并没有听过任何人真的这么说，但很多时候我们的意见和行动显示事实正是如此。例如：

- 按灯让工厂里的每个人都得到信息。

- 向每个人发出警示，有问题发生了。

- 任何经过这个区域的人都会看到……

过去20年来，我们的工厂安装的按灯报警系统的数量多到令人咋舌。然而，很多工厂的红灯亮起，却无人做出反应。基本上如果我们假设任何人（或每个人）都会负责，那就没有人会负责。

⊖　员工自主性的原文为 operator autonomy。——译者注

⊜　员工自主小组的原文为 autonomous operator-team，类似于员工自发组织的小组，业余共同去改善某个质量或者效率问题。——译者注

第三，一个特殊团队？根据我们前面的讨论，如果我们想要每一天每一个流程都能有所改善，这个方法就行不通。丰田的工厂并没有设置专门进行持续改善的员工。改善套路已经融入每个工作流程中，每个人都被教导在工作上要遵循改善套路。

谁来做

图 7-2 概述了一个典型的丰田工厂生产线的组织架构规划。工厂里当然还有其他支持部门，如维修、生产工程等，并没有在图中展示出来，但这张图已经足够详细，能满足我们的要求。[○]

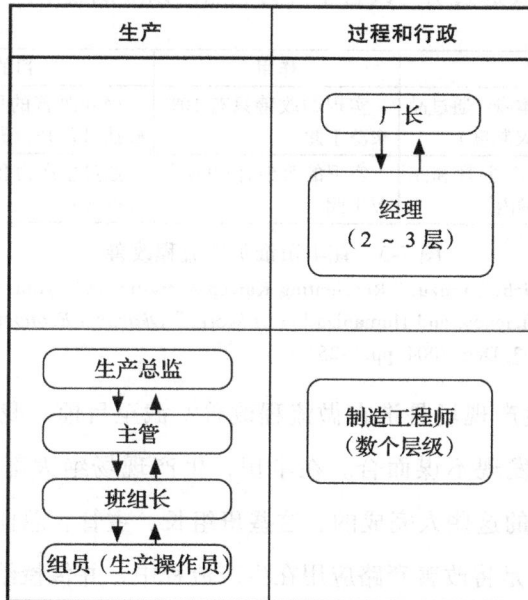

图 7-2　丰田工厂生产线的组织架构概要

冈山大学教授 Koichi Shimizu 在 2004 年发表了一批有关丰田工厂生产流

○　这个标题下的信息都是来自对丰田工厂的观察和访谈，以及和丰田汽车北美制造公司前任员工的讨论。

程持续改善的论文。Shimizu 教授在文章中将丰田的流程改善活动分为两类：

- 通过品管圈、提案建议制度和类似的方案，由操作员自己进行的改善。Shimizu 称之为"自愿改善活动"。
- 由班组长、生产主管和工程师进行的改善（在工作职责范围内）。

Shimizu 的论文中有一些令人意外的发现（见图 7-3）。具体而言，他的研究指出，所实现的生产率和成本改善，大约只有 10% 来自第一个类别，其他 90% 都来自第二个类别。此外，第一个类别，也就是由生产操作员自己进行的改善，主要目的并不是改善，而是为了培养操作员改善的理念和能力，并借此发现可以晋升为班组长的候选人。另一方面，第二个类别的目的，就是要通过努力改善生产力和品质以降低成本。

谁	作用	目的
生产操作员本身（通过品管圈和提案建议制度）	实现的改善只有 10% 来源于此	培养改善的思维和能力，确认可晋升为班组长的员工
班组长、生产主管和工程师（职责范围内）	实现的改善有 90% 来源于此	通过生产力和品质的改善降低成本

图 7-3　在丰田谁负责流程改善

资料来源：Koichi Shimzu，"Reorienting Kaizen Activities at Toyota: Kaizen, Production Efficiency, and Humanization of Work," *Okayama Economic Review*, vol. 36, no. 3, Dec. 2004, pp. 1-25。

在丰田的生产现场是谁在做流程改善？截至目前，我所了解到的和 Shimizu 教授的发现不谋而合。在丰田，生产现场绝大部分的改善是由图 7-4 中圈起来的这些人完成的。这些班组长、主管、总监，以及各级别的制造工程师，是将改善套路应用在生产流程中，并传授给其他人的主力人员。流程改善的活动可能会占据他们 50% 的时间，这在丰田不足为奇，因为改善套路其实就是他们的管理方式。⊖

⊖　丰田的制造工程师（manufacturing engineer）负责生产现场作业的改善，跟我们对制造工程师的定义不同。丰田也有所谓的生产工程师（production engineer），跟我们的制造工程师一样，负责开发工具、流程、机器和设备。

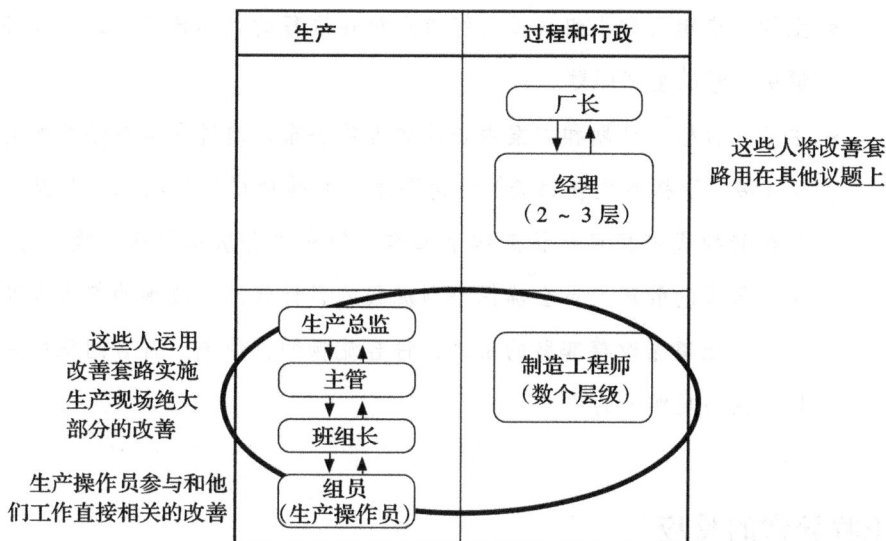

图 7-4　在工厂的组织里，流程改善活动主要在圈起来的部分

　　丰田的操作员被称为"小组成员"，当然也会定期参与流程改善活动，但他们通常是跟班组长配合或在其指导下执行当前工作范围内的改善。鼓励小组成员和听取小组成员的改善建议是班组长的责任。反过来，操作员是否可以晋升到班组长，部分取决于其所展现出来的主动性和改善能力。换句话说，操作员和班组长两者都有相互合作进行流程改善的动机。

依目标状态行事

　　以新流程或者新产品为例，管理层设定生产的成本目标和日期目标。一般来说，第一个目标状态（也就是工作标准）会由该流程的主管和生产工程师来建立，然后才提供给生产团队（班组长和小组成员）。

　　进入生产阶段后，生产团队和班组长会花数个星期的时间努力达成该目标状态。一旦日常生产趋于稳定，就会设定进一步的目标状态，称为"标准"或"目标"。

- 主管、班组长和小组成员会把重点放在流程的目标状态上，了解并解决日常的生产问题。
- 主题、目标、计划和方案由资深管理层公布，通过导师与学员的对话（第 8 章将有更多讨论）传达下来，并转换成目标状态。将结果目标转换成流程目标状态这个工作一般来说会从总监这一级开始。这个层级的管理人员会确保个别流程的目标状态、改善的努力以及项目都能遵循改善套路的思维，符合流畅的价值流，符合组织的目标，并满足顾客的需求。

流程异常的反应

在我们的工厂里，对流程异常的普遍反应是要求生产操作员记录下来，以便能汇总问题并绘制帕累托图。这主意听起来不错，但是却无助于改善。曾经有一位厂长很骄傲地用帕累托图来说明问题，以及他们如何处理排名首位的问题。我的一位同事的反应是："哦，那其他的问题你们就送给顾客吗？"这实在是一个精辟的见解。

帕累托图所提供的信息通常来得太晚，对流程改善而言用处不大。等到问题上升到帕累托图的首位时，已经造成了严重的损失，而且已经复杂难解，根本原因的踪迹业已消逝。我们在做的并不是了解现场正在发生的事情，而是"死后验尸"。有趣的是，帕累托图中最大的类别通常是"其他"，也就是一堆小问题累积的结果。

这不表示我们应该放弃帕累托图，只是不应该把它当作发现和解决问题的首选工具。

以下是丰田对于处理问题的两个思考。

第一，对流程的异常应该立刻反应，为什么？

- 如果我们在事后追溯问题发生的原因，原因的踪迹业已消逝，使得问题解决更困难。我们也会失去学习的机会。

- 放任小问题，会累积成复杂的大问题。
- 马上做出反应意味着我们还能有所调整，以便达成当天的目标。
- 告诉人们品质很重要，但又不对问题做出反应，是言行不一的表现。
- 精益的价值流彼此密切连接，其中一个发生问题，很快就会导致其他地方发生问题。

第二，应该由生产操作员以外的某个人对流程异常做出反应。为什么？

举个例子来帮助说明。假设工厂里的"1×1 流动"的装配小组有一个"自主化"的操作员团队。这个小组里有个状态显示器会显示两个数字。一个数字是实际的生产数量，每扫描一件成品，数字就会增加。第二个数字则是目标数字，当每个节拍时间过去，数字就会增加。

当某个操作员遇到问题时，流程会发生什么事情？整个小组都会停下来。这些操作员会怎么做？他们会努力尝试修复问题，以重新启动生产。假设这会花费数分钟时间，在这段时间目标数字的计数器会继续计算。然后问题修复了，小组继续开始生产。操作员会怎么做？自然是继续生产，越快越好。因为根据状态显示器，生产线有些落后了。然而，在问题发生的时候，发生的踪迹很明显，是了解发生原因的最佳时机。之后再调查，很难有所斩获。

你看出我们思维的矛盾了吗？我们是想要操作员继续生产零件，还是想要他们深入调查问题？他们无法两者兼顾。发生问题是常态，但如果我们要建立自动的流程，操作员不可能做到。这类自主性生产流程反映出一个错误的假设：只要人人克己尽责，就会万事无忧。

为了能在流程发生问题时就有反应，丰田会指派班组长支援和监督生产流程，立刻对任何流程问题率先做出反应。尽管班组长对每个异常都会有反应，但这些反应并不会都启动问题解决。问题解决通常是针对重复发生的问题。流程的工作标准（目标状态）由班组长负责，用来协助其发现流程的异常。班组长监督流程不是为了找茬，而是为了熟悉流程的运作。

相比其他工厂，丰田在流程中设置班组长，便多了一层正式的间接员工。这听起来并不"精益"，却推动了流程的改善。因为当问题发生，而根本原因尚有迹可循时，会有一个人做出回应。如之前提到的，只有曝光问题才能解决问题。有了班组长，丰田可处理更多问题，也能从中学，取得更多的改善。

有了快速反应系统在手，丰田便能在生产流程中配置数量正确的操作员，回过头来又能让问题迅速曝光。这种组合就是一种改善系统。相反地，建立自主性操作员团队的制造商，通常需要在流程中配置额外的人力。如我们曾经提到过的，此举会导致"绕道"措施，掩盖问题，使系统最终走向停滞。

有趣的是，丰田拥有这种改善和反应系统（班组长），并不等于丰田会比其他工厂有更多员工。情况正好相反，原因有以下两个。

- 有了班组长，流程可以配置正确数量的操作员，不会有多余人力。
- 有了一个从班组长开始做起的改善和反应系统，假以时日，生产力就会有所改善，甚至必要的操作员数量也会减少。

对于过度简化、立即见效的观点，如"削减间接人员""组织扁平化"，我们应该审慎为之，因为这些观点不会带来最优的结果，却会带来一个危如累卵的静态系统。

辅导套路：领导就是教练

教练的必要性

如果我们要教一组运动员某个新技能，以在比赛中能有优异表现，在这种情况下，我们当然不会期望只用口头解释就可以改变他们的行为。不管解释得多么清楚，也不可能有效地改变他们的行为。人们无法客观地评估自己的表现，并发现能力的不足，这是因为我们会倾向于对自己的习惯视而不见，不知道我们的无知之处。在这个运动员的例子中，我们很自然地认为运动员需要一个有经验的教练，在他练习的时候在旁边观察和指导。教练的必要性不会消失，如果没有教练在旁边观察并提供意见，运动员最后会养成错误的习惯。

在丰田也一样如此，改善套路不会自动地出现。丰田的经理和主管每天都很努力地传授改善套路，使改善能有效地进行。既然改善和调整是丰田商业理念的核心（日常管理＝流程改善），那该公司的经理和主管致力于改善工作也就不足为奇。虽然如此，真的让人惊讶的是他们做这件事情的方法。

丰田领导人的角色

丰田的经理和主管的主要工作并不是改善本身，而是培养员工的改善能力。在丰田眼里，正是这样的能力让公司强大。丰田的经理和主管培养人们改善的能力，再由这些人通过改善套路去改善流程。

> 我们现在能接受这个事实：学习和改变一样，是一个终生的过程。当务之急是教导人们如何学习。

——彼得·德鲁克（Peter Drucker）

丰田不会把培养员工改善能力这件事情委托给人力资源部门或者培训部门。这是公司上下日常工作的一部分，所以要由经理和主管教导他们的下属改善套路。改善套路可以说是日常人员管理的一部分。当然，这也意味着经理和主管一定要有亲身实践改善套路的经验。

由于改善套路是一系列的行为指南，需要通过反复练习才能掌握。行为模式通过条件作用[⊖]而成为习惯。因此，丰田有许多管理活动需要在指导下练习改善套路。对主管和班组长来说，这种指导占据他们一半以上的工作时间，而对于较高层级的经理来说，也会用差不多一半的时间。经理人或主管的绩效评估、奖金、晋升和薪水中的一部分会和用这种方式进行人员培养直接相关。

从实战中学习

我们可能以为学习就是上课和参与研讨会，但丰田认为只有努力克服

⊖ 条件作用的原文为 conditioning，这里指的应该是巴普洛夫条件作用或者条件反射，它是联想学习的一种形式。在此过程中，有机体学会将刺激联系起来。在经典条件作用下，中性刺激与有意义的刺激（无条件刺激）产生联结，并获得诱发类似反应的能力。经典条件作用首先被伊凡·巴普洛夫论证。——译者注

挑战，亲自实践改善才是学习的方式。丰田当然也有课堂训练，但是要确保改善的发生，人人都能掌握改善套路，动手做才是最重要的：经理和主管传授改善套路的方式，就是带领人们在实际的流程上进行真正的改善。这种方法和运动员的训练无异，体育中所说的训练指的就是运动员在有经验的教练的观察和指导下，一次又一次地练习实际动作。

相比之下，许多公司都会认为培训是课堂讲授和模拟练习。不幸的是，课堂讲授和模拟练习无法确保改变、熟练和一致性。只靠课堂培训，就算加上模拟练习，最多能做到让你知道。只有当人们尝试将所学应用在实际中时，我们才能看出他们学到了什么，是如何思考的，然后才能确定下一步他们应该学习和练习什么内容（见图 8-1）。

图 8-1　在丰田，培训和实践是不分家的

丰田并不区分改善套路和流程改善的学习。丰田的老师们（也就是经理和主管）和他们的学生一起执行日常的实际活动，并观察他们。当然，如你所料，丰田的经理和主管也有做这件事情的套路。

辅导套路

丰田传授改善套路的形式是一种导师与学员的对话关系（见图 8-2），可能源于佛家的师父与学徒制的教学方法。和改善套路一样，去丰田参观和进行标杆学习的人们无法直接看到辅导套路。丰田能够成功地运用改善套路实现持续改善和调整，在很大程度上取决于这种辅导的方式。

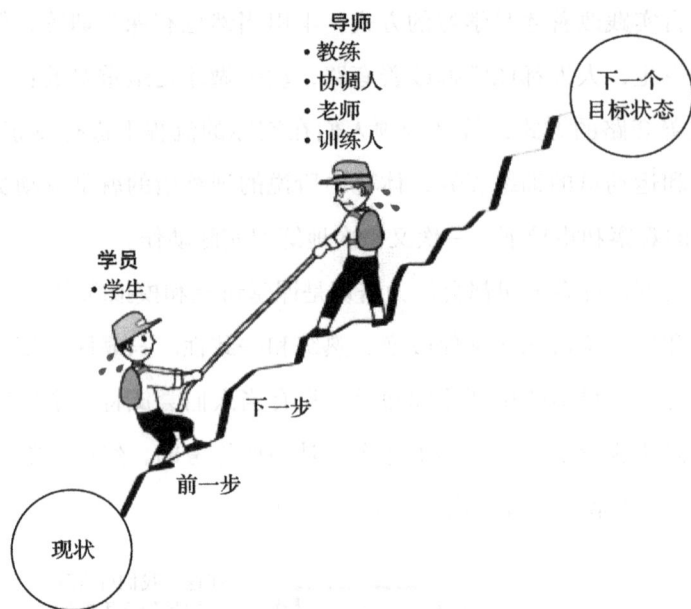

图 8-2　丰田对导师与学员制的经典描述

丰田中的每个人都有一位导师

精通是任何"套路"的目的，即便是丰田的高层管理人员也一直在磨炼自己的技巧，以实现这个目的。就如改善套路，辅导套路可以在丰田的任何层级实践。每位员工会被指派一位较为资深的人员担任导师，在实施改善或者处理跟工作相关的情况时，给予他们积极有效的指导。这位导师也有自己的导师在做一样的事情。这是一种伙伴制度，以两个人为一组，其中一名伙伴担任导师的角色。

导师与学员的关系并不是必须要和组织架构关联。就工厂的操作员来说，他们的导师是班组长，班组长的导师是主管。但是，高于这些级别的人，就可能不是直接上级[⊖]作为导师，还会根据你现在的工作或者发展需要，指派其他人担任导师。所以多年下来，你可能会有好几位不同的导师。

⊖　我在这里用了上级（superior）这个词，可是如我们将会看到的，在很多地方都是导师在支持学员。

要熟练掌握改善套路和辅导套路，进而成为一个好导师，基本上需要 10 年左右的练习。这也是丰田在过去一直避免外聘经理人，而是从内部培养的原因。丰田在快速发展的同时面临另一个挑战：培养足够数量的导师。

每个人会一直需要接受辅导。无论经验多么丰富，都不可能在没有辅导的情况下，很好地掌握实际情况，实施改善套路。当你在组织中成长晋升的时候，辅导的目的是要让改善套路和辅导套路成为你的习惯（自动的反射）。

导师与学员的对话

导师（教练）通过一段时间的来来回回的对话，辅导学生应用改善套路，这种方法有时候会被比喻成一种传球游戏：

导师→学员→导师→学员……

例如，在评估现状、设定目标状态以及例行的 5 个问题登场的时候，就会用到导师与学员的对话。

在丰田，导师与学员对话的一个关键要素是，导师通过引导，让学员自己理出头绪，这是一种知名的教学方法。对话通常会从导师给学员一个刻意"模糊化"的任务、要求或者挑战开始。例如，导师可能要求学员去看一下某个问题或者情况，或是提出像这样的建议：零件清洗应该在组装的连续流中完成，不要批次处理。导师会接着问学员有什么建议。学员的回答可以帮助导师看出学员的思考方式，以及接下来应该给什么建议。这也是为什么导师给的任务或者挑战在一开始的时候往往是模糊不清的。如此一来，他才能看出学员是如何处理事情的。

有时候，学员会用一张纸（稍后会有更多讨论）列出观察和建议。这张纸交给导师后，经常在第一轮就会被导师退回："请再多想一下。"或者更简单，只是问："为什么？"这只是数次传球中的第一回合而已，不断重复这个过程，学员的分析和建议会越来越详细。一旦很好地完成现状分析，目标状态的定义和详细程度达到导师的要求，学员就需要去计划和执行PDCA循环，当然，也是在导师的"眼皮底下"进行。在这个过程中，学员经常需要向导师说明这么做的理由，也要事先定义预期的结果。

这里要注意的重点是，导师在问学员问题的时候，其实是想知道学员是如何思考和处理事情的，而不是给对方一个解决方案的指引（虽然有时候看起来好像是那样）。导师努力根据学员一路下来的行动和反应，通过逐步引导传授学员改善套路的模式。导师利用改善套路指导学员，但方法却是让学员自己揣摩"套路"中蕴含的模式和思维。学员通过亲身领悟来学习。如果学员最后觉得是自己独立学习并实现目标状态（经常是喜乐参半）的，那么这会是对导师至高无上的赞誉。顺便一提，以我的观察，我敢说导师的工作和学员一样困难。

丰田导师与学员对话的第二个巧妙的要素就是，虽然学员负责实施，导师并不提供解决方案，却要为结果负起相当的责任。责任在导师和学员之间建立了一种重叠的连接，一旦学员失败，要检讨的却是导师。

> 如果学的人没在学，那么是教的人没在教。
>
> ——丰田公司

在解决问题的人是学员，而导师的工作则是确保学员走在改善套路的"正轨"上。这就是前面在图 8-2 中所描述的两个登山者的情形。当然，导师要如此引导学员，自己也必须深入了解现状，而且经常需要比学员超前思考一步，但是只能超前一步。导师致力于将学员带入改善套路的行为正轨，最后导师必须接受学员通过正确的行为产生的解决方案。提供解决方案限制了学员的能力培养，而能力培养才正是导师与学员对话的目的。

虽然丰田的导师不会提供解决方案的指引，但是他们知道学员是如何着手掌握现状和找到解决方案的。比如，当导师在某次对话中听到学员的回答后，偶尔也会指导学员下一步要怎么做。

导师与学员对话的第三个要素是，人们不仅可以从做中学，更能从小错误中有所斩获（如第 6 章所讨论的）。导师希望学员在应用改善套路的时候犯一些小错误，因为犯错就是学习的机会，导师也可以借此知道需要给予什么指导。换句话说，只要不影响顾客，导师不会事先告诉答案，而会让学员犯一些小错误。

如图 8-3 所示，对于如何在组织内传授改善套路并持续改善，丰田用导师与学员对话的方式巧妙地回答了这个问题。导师与学员对话有以下几个好处：

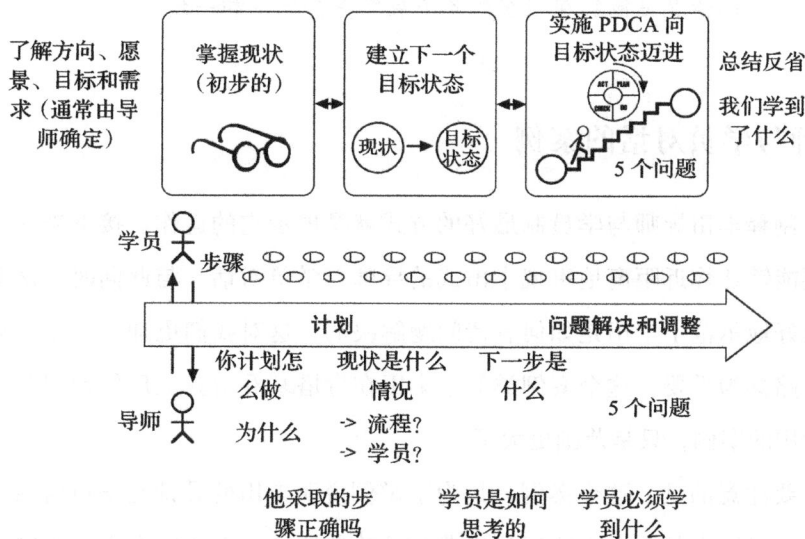

图 8-3　用导师与学员对话（辅导套路）来传授改善套路

- 领导人可以了解学员的思考方式，由此决定合适的下一步，以及如果学员想要成为一个好的问题解决者，需要练习哪些技能。如果我们告诉学员应该做什么，就无法发现他们在技能培养上的需求。
- 这种在导师指导下从做（错误）中学的方法，相比那些依赖书面文档、教室培训或者直接告知怎么做的方式，更能有效地传递组织文化，也就是培育了特定的行为模式。

- 这种方法能使工作场所的行为和公司目标达成一致。虽然提供了聚焦点、方向和控制，但同时保留了相当的余地去培养人们的能力。它既不是由上到下，也不是由下往上，而是两者兼具。导师与学员制不仅提供了共同的方向和方法，同时又能培养个人的责任感和主动性。这就是当我提到"在期望的轨道上前行"时所指的意思。

- 导师下一步需要提供的辅导和培训取决于学生的需要和形势的发展。这就意味着信息在组织内形成了双向流动。如此，战略决策和实际情况更能够在组织的各个层级保持同步和一致。

导师与学员对话的案例

阐释丰田导师与学员制最好的方式就是展示它的运作。接下来的这个案例能够让你近距离地审视丰田式的导师与学员对话。与此同时，这个案例很好地示范了丰田是如何看待问题解决的，这对我们更加深入地理解改善套路甚为重要。这个案例类似于丰田在肯塔基乔治敦工厂传授问题解决时所用的案例，只是范围更大了。

要注意的是，这个案例只是为了举例说明丰田的导师与学员对话。虽然这些对话在某些方面能反映出典型的改善套路，但内容会根据不同的情况有各种不同的呈现形式。案例分析的目的也不是要给你提供一个机械化的脚本，是要给你一些对辅导套路所蕴含的模式和思维方式的感性认识。

案例设定

先从图 8-4 所示的 5 步问题解决法开始。这种通用于丰田内部日常运作中的方法被称为"实用问题解决法"（practical problem solving）。当我们讨论这个案例的时候，会参考这些问题解决步骤。

丰田实用问题解决法的步骤

1. 筛选问题：问题意识
   - 确定优先问题
2. 掌握现状（现场观察）
   - 厘清问题
     - 应该发生什么
     - 实际发生什么
     - 必要的话，将问题拆解成单独的几个问题
   - 必要的时候采取临时对策以遏制问题的继续，直到根本原因已经被解决
   - 确认问题的起因点。在没有找到起因点之前，不要进行原因调查
   - 掌握在起因点发生的异常趋势
3. 调查原因
   - 识别和确认异常事件的直接原因
   - 通过"5 个为什么"进行原因调查，针对根本原因建立因果关系链
   - 直到找到一旦解决便可以避免问题再次发生的原因
4. 制定和检验对策
   - 采取一个具体的行动去处理根本原因
   - 一次只改变一个因素，以理解因果关系
5. 效果跟踪
   - 监测和确认结果
   - 将成功的对策标准化
   - 检讨反省。我们在这个问题解决的过程中学到了什么

图 8-4　案例分析中的问题解决法

从这 5 个步骤来看，这个问题解决方法没有任何神奇之处，都是已经广为人知的基本步骤，跟许多问题解决书籍和培训课程中描述的非常接近。我所见的大多数经理和工程师都或多或少接受过问题解决的训练，办公室的书架上甚至还有相关的教材。但是我发现，几乎没有人能够恰当地遵循问题解决的方法，这正是"靠课堂培训无法有效改变行为"的一个例证。

丰田在实用问题解决法中，经常会用一个漏斗来说明在步骤 2 掌握现状中所提到的"起因点"概念（见图 8-5）。这个概念可能是因为丰田的总装线很长的缘故。这个概念指的是，当你发现一个问题时，必须沿着生产线或者价值流往上追溯，直到你发现可能是起因点的那个点。在找到这个起因点之前，切勿开始原因调查。

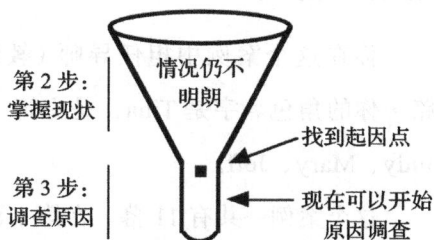

第 2 步：掌握现状

情况仍不明朗

找到起因点

第 3 步：调查原因

现在可以开始原因调查

图 8-5　以漏斗图说明"起因点"的概念

人物表

这个导师与学员对话的案例发生在丰田汽车总装线的内饰线上。案例中涉及的人物如图 8-6 所示。

人物表		
Paul	内饰线副经理	你的导师
Tina	内饰线 B 段主管	你
Dan、Bob、Judy、Mary、Jeff	内饰线 B 段班组长	你的学员

图 8-6　案例中的人物表

组织架构详见图 8-7，这是丰田总装线一个典型的组织架构，和第 7 章提到的丰田生产线组织架构相同。

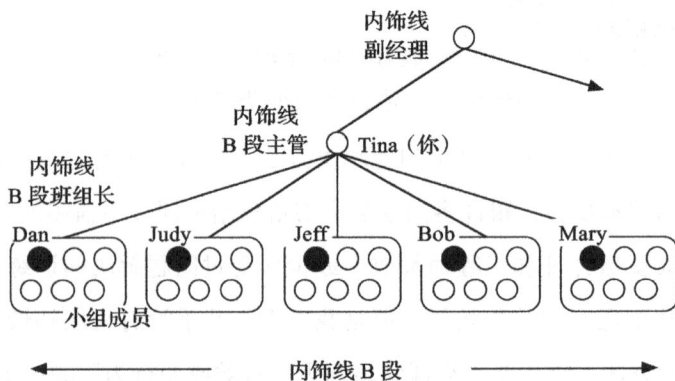

图 8-7　案例中的组织架构

如何阅读案例

你在这个案例中担任导师（教练）的角色，工作内容是传授改善套路。你的角色名字是 Tina，是主管，你的学员是 5 个班组长：Dan、Bob、Judy、Mary、Jeff。

这个案例一共有 11 幕。在第 1 幕之后的每一幕都是一个单元，包含一个情境（在方框内）和对 Tina 的辅导行为所做的针对性分析。根据以下说明来进行：

1. 阅读方框内所描述的情境。

2. 接着阅读对 Tina 的辅导行为所做的分析，我会在这里提出辅导套路的几个方面。

3. 无论读到哪里，问自己这个问题："如果我是 Tina，接下来我会怎么做？"在继续阅读之前，在纸上写下你的答案。

综合讨论

在案例的后面，会有一个综合讨论，主题是关于导师与学员对话和丰田问题解决的。

从这里开始。

第 1 幕

Paul 是内饰线的副经理，他和内饰线所有主管（包括你）在开会讨论内饰线糟糕的废料趋势。在过去的两个月，废料成本已经上升 8%，Paul 要求每个主管在自己的团队里发起问题解决活动，以降低流程所产生的废料成本。他定下的目标是每个团队的废料成本要在 30 天内回到之前的水平。

如果你是 Tina，你会怎么做？

第 2 幕

在和 Paul 开完会后，内饰线 B 段的主管 Tina（你）决定分析废料成本，查明成本增加发生在哪个班组的哪个环节。Tina 检查了之前 4 周的废料报表，想由此确定哪个零件报废最多，而报废的零件中哪一个成本最高。她同时也要求 5 个班组长整理这一周所记录的废料表，做同样的数据分析。

分析显示在 Tina 的部门里，报废最多的是 Dan 这个班组的一个侧板内饰件。由于数量很多的关系，这个内饰件报废成本也是部门内最高的。Tina决定将初步的目标放在降低这个内饰件的报废数量上。

Tina是在实用问题解决法中的哪一步？

分析

Tina正在采取的是哪一种辅导/教练行为？

首先，证明给我看：导师偏好事实与数据，而不是意见。

其次，导师必须亲自深入了解：如果Tina只是要求班组长去观察他们的流程，然后向她汇报，那么她便无从评估他们的意见。后面对此会有更多讨论。

最后，单因子试验：Tina认为逐步实施对策比同时进行更好。因为目的在于了解工作系统，而不只是通过"散弹枪打鸟"的方式"解决"问题。在一个连续流动的生产流程中，如Tina团队所在的总装线，导师会鼓励学员一次只改变一件事情，然后检查结果。一次同时改变一件以上的事情，会增加变量，从而不容易看到因果关系，给问题解决带来更多困难。如果你想要降低部门里每一个地方的废料，会因此看不见因果，也无法建立对系统的了解。

Tina决定找出最大的问题，把重心放在上面，而不是在自己的部门里增加多个变量，造成混乱。

在这个循环中，导师不适合采取的动作：

- 只问5个班组长，他们认为问题出在哪里。
- 告诉班组长，我们必须降低废料。
- 要求班组长亲自去现场观察。

Tina在实用问题解决法的哪一步？

Tina在想办法找出优先问题。她处于步骤1：筛选问题。

如果你是Tina，你会怎么做？

第3幕

Tina决定跟负责安装这个内饰件的班组长Dan谈一下，以便了解他对现状的掌握程度。

Dan 告诉 Tina 他不确定侧板内饰件发生了什么问题。他注意到班组内最近报废的零件变多了，也记得有个组员曾抱怨那个内饰件安装起来比原来困难。Dan 还感觉到最近在班组内回应按灯（请求协助）的次数增多了，而且常常都跟侧板内饰件有关。

Tina 和 Dan 是在实用问题解决法中的哪一步？

分析

Tina 采取的是哪一种辅导 / 教练行为？

通过提问来领导：作为一个经理和导师，Tina 的工作并非解决问题，而是通过实践去培养学员的改善能力。如果 Tina 自己解决废料的问题，那么她不会从经理那里得到赞许或者认可，因为她浪费了一个进一步培养组织能力的机会。Tina 的任务是将 Dan 培养成为一个问题解决者。

由于导师的任务是培养学员，因此他们不会太快告诉学员要做什么。尽管在问题解决上经验丰富，但是他们不会指出解决方案或给出详细的指示。

学员会面临一个挑战、一个问题，可以预见的是，学员会在小范围内犯一些错误。正是这些错误让导师明白学员需要练习哪些行为，应该提供哪些意见。通过提问和观察学员的反应，导师了解学员在想什么，然后才能给予指导，以确保学员在改善套路所预设的思考和行为轨道上。

因为这些原因，Tina 在这个循环中不会告诉 Dan 去观察流程。她会问 Dan 下一步打算怎么做，然后观察他的回答。Dan 在思考问题，Tina 在思考 Dan 解决问题的方法。

通过提问来教学的方式可以追溯到苏格拉底，但这是一个很难学会的技能。如果有权力的提问者在使用这个方法的时候，只是想说服其他人同意某个特定的解决方法或者答案，那么他其实是失败的。人们能够察觉不带色彩的询问和企图说服他人的询问之间的差别。用问题来引导到一个先入为主的答案，跟用问题去了解一个人是如何思考和需要学习什么之间有天壤之别。

在这个循环中，导师不适合采取的动作：

- 告诉 Dan 去观察流程。
- 告诉 Dan 如何着手进行。

Tina 和 Dan 在实用问题解决法中的哪一步？

他们快要进入步骤 2：掌握现状。

如果你是 Tina，你会怎么做？

第 4 幕

Tina 在跟 Dan 的谈话过程中，意识到尽管有迹象表明有问题，但是 Dan 还没有掌握侧板内饰件的问题所在。Tina 明白她需要和 Dan 一起来培养他的问题解决能力。

Tina 和 Dan 一起到报废区看最近报废的侧板内饰件。她要求 Dan 检查所有报废的零件，然后告诉她检查的结果。Dan 注意到的第一件事情，是大多数零件上的一个尼龙夹都坏掉了。他把夹子给 Tina 看，建议找来料检验部门检查供应商送零件来的时候，尼龙夹是否已经断裂了。

分析

Tina 采取的是哪一种辅导 / 教练行为？

- 导师有时候会指示下一步做什么。在听完 Dan 的回答后，Tina 并没有等 Dan 建议下一步怎么做，而是直接建议去看看报废件。丰田的辅导方法不是只有提问。问问题并不是要和学员玩猜谜游戏，而是为了知道学员在想什么。一旦目的达到了，导师便会对下一步给予指导（但不是解决方案）。
- 现场观察。Tina 和 Dan 一起去现场观察。如果 Dan 在过去已经证明他有丰富的问题解决经验，Tina 很可能会让他自己去现场观察，再回来汇报。但她从 Dan 的反应得知他还是新手，需要她提供更多的辅导帮助。

- 如果 Tina 让 Dan 自己去看生产流程和废料区，并要求他回来汇报，而不是亲自一起去看，那么她就会完全失去之后对这件事情的管理能力。如果导师对情况缺乏第一手的理解，就无法领导。这一点非常重要，因为 Tina 将无从评估 Dan 的汇报和建议是否还保持在正确的轨道上。她会成为局外人，只能点头说："好的，就这么做。"（这指出了我们在实际应用的目标管理的致命弱点。）虽然 Tina 的工作是培养学员的改善能力，但为了明白学员的学习需求，以及下一步应该怎么做，她必须深入了解实际情况，才能评估学员告诉她的信息。因此，一般来说，导师会将注意力放在两件事情上：详细了解现状和学员是如何掌握现状的。

- 观察，而不是访谈。我们很多人会去访谈现场的操作员，询问他们问题出在哪里。就是我们之前讨论的，你得到的只是人们的看法，不是事实和数据。导师和学员必须学习自己去深入了解，明白正在发生什么事情。

在这个循环中，导师不适合采取的动作：

- 要求 Dan 去观察流程，然后向她汇报。
- 询问或者访谈现场的操作员。

如果你是 Tina，你会怎么做？

（Dan 已经提出建议，你必须有所回应。）

第 5 幕

Tina 的回应是，当他们完成调查，并确定是零件品质的问题后，会通知来料检验部门来处理。与此同时，她要求 Dan 不要太快下结论，再去检查一下零件。

当 Dan 再次检查零件的时候，注意到零件上三个固定双头螺栓中的一个，末端螺纹已经损坏。

Tina 和 Dan 在实用问题解决法中的哪一步？

分析

Tina 采取的是哪一种辅导／教练行为？

引导学员回到起因点。如果 Dan 那么早就去联络来料检验部门，会在情势还不明朗的情况下就引发太多动作。想想看，如果来自各个不同区域的人在问题解决初期就纷纷联络来料检验部门，将会造成多少浪费。另外，这种让来料检验部门参与进来的做法并不罕见。

导师会引导学员去发现问题的地方掌握现状，然后从那里往回追溯，确认是否有足够的证据证明是否确实如此。

Tina 和 Dan 在实用问题解决法中的哪一步？

他们还在努力厘清现状，也还没有发现起因点，所以仍然在步骤 2：掌握现状。

第 6 幕

Tina 向 Dan 建议一起去观察一下侧板内饰件的安装流程，在观察操作员的操作流程之前，他们检查了线边的螺栓螺纹，没有发现任何情况。

接着 Tina 和 Dan 去观察侧板内饰件流程的工作标准。标准上要求操作员拿起料架上的零件和螺帽扳头，然后走到车旁边安装零件。扳头放在车内的地板上，然后将零件定位好，使尼龙夹可以对准车身钣金上的孔。操作员接着用手将夹子敲入钣金件，然后再拿起扳头将螺帽套在套筒上，接着在每一个螺栓上锁紧螺帽。

在观察操作员安装了几个零件后，Tina 问 Dan 有没有发现安装上有什么问题。Dan 说一切看起来都很正常，看不出有什么不符合工作标准的地方。

Tian 要求再观察一次，不过这一次要注意操作员在把螺帽套上去的时候做了什么具体的动作。

　　Tina 和 Dan 在实用问题解决法中的哪一步？

分析

Tina 采取的是哪一种辅导 / 教练行为？

- 在观察流程以前，先去参考工作标准或者目标状态。Tina 和 Dan 在观察流程以前，先去查阅了工作标准，确定流程应该如何运作，然后才能有所比较。这是为什么 5 个问题中的第一个问题是：流程的目标状态 / 标准是什么？

- 当学员提出一个建议或者陈述的时候，导师应该快速回应。当我第一次从某个丰田人那里听到这样的建议时，误以为这意味着导师必须充分了解所有的现状而且已经知晓解决方案。我竭尽所能，从来没有成功过。

　　当 Tina 要求 Dan 再次观察流程，并特别强调重点放在操作员把螺帽套在螺栓上的时候做了什么动作。看起来她知道解决办法，不是吗？一个在日本丰田工作的美国年轻人曾经告诉我，日本导师会问他问题，一副胸有成竹的样子，几乎让他崩溃："如果你知道想要我做什么，直接说不就完了吗？"

　　过了一段时间，那个美国年轻人才明白导师没有，也不会预先知道解决方案。导师需要迅速回答，但他只需要看到下一步即可。导师无法对前方的道路完全了如指掌，但他对情势的掌握，必须深入到足以知道下一步是什么才行，这样他才能带领他的学员走到、走过下一步。如果下一步还很模糊，那么答案就会是："我们一起去现场观察。"在大多数情况下，下一步其实是去获得更多具体的事实和数据。当我领悟了这点之后，我自己在辅导工作中的效率明显大幅提高。

Tina 心里并没有解决方案。解决问题是 Dan 的责任，而她的责任则是培养 Dan 的问题解决能力。她确实知道螺栓上的螺纹损坏很有可能发生在把螺帽套在螺栓上的时候，但只是模糊地感觉到这是问题的起因点，并引导 Dan 朝着这个方向努力。

- 现场观察。想象一下，如果 Tina 留在办公室里，而 Dan 向她汇报他在现场观察的印象，事情会如何发展。Tina 如果没有在流程现场和 Dan 一起掌握第一手的现状，她就无法做到像这样的辅导。

- 责任重叠。虽然 Dan 负责实施，而因为 Tina 的工作是辅导 Dan，所以不能直接告诉他怎么做，但 Tina 明白她自己仍要为结果负起大部分的责任。

Tina 和 Dan 在实用问题解决法中的哪一步？

Tina 已经看出起因点大概就是在把螺帽套在螺栓上的时候，但 Dan 还没有看出来。Tina 已经准备好进入步骤 3（调查原因），但由于要解决问题的人是 Dan，所以他们还在步骤 2（掌握现状）。Tina 辅导 Dan 走向下一步的方式，是让他自己吸取教训。

第 7 幕

接着 Dan 注意到，操作员必须通过侧板上的一个孔去安装螺帽，所以无法看到螺栓的末端，也就没有办法确定螺帽的正确位置。他们在对准的时候必须凭感觉。Dan 告诉 Tina 他知道问题在哪里了。过去这个月，侧板内饰件安装流程来了两位新员工，他们还没有办法凭感觉确定螺帽是否已经对准，所以才会伤及螺纹，造成报废。

Dan 建议他们在新员工的培训上要做得更好，以避免螺纹的损坏。

分析

Tina 在这里并没有任何辅导。如果你是 Tina，你会怎么做？

（Dan 已经提出建议，你必须有所回应。）

第 8 幕

Tina 建议，他们必须确认报废零件的数量和流程新员工之间的关系。他们检查了这个小组的报表，将侧板内饰件的报废数量和新员工加入流程的日期相比较，发现两者有直接相关性。每当有新员工加入，内饰件报废的数量就会显著增加。

Dan 告诉 Tina 他会马上跟这个流程的所有操作员开会，要他们更加小心，然后他还会重新培训他们如何安装螺帽。

Tina 和 Dan 在实用问题解决法中的哪一步？

分析

Tina 采取的是哪一种辅导 / 教练行为？

证明给我看：导师更喜欢事实和数据，而不是意见。

Tina 和 Dan 在实用问题解决法中的哪一步？

Tina 和 Dan 已经到达步骤 3：调查原因。

如果你是 Tina，你会怎么做？

（Dan 已经提出建议，你必须有所回应。）

第 9 幕

Tina 问 Dan 是否知道当螺纹损坏的时候组员正在执行什么动作？Dan 说他不知道他们正在做什么，但他知道他们的做法不正确。Tina 提议他们再回去更仔细观察操作员在流程中的实际动作，还有螺纹是在什么情况下损坏的。

当他们再次观察流程的时候，发现生产线上的操作员会把螺帽套在扳头的套筒上，然后启动扳头，同时调整螺帽在套筒上的位置。接着会松开扳头的开关，将螺帽套到螺栓上之后，才再度按下扳头的开关将螺帽锁紧。Tina 和 Dan 在观察的时候，并没有发现操作员的操作方法有什么异常。这位操作员并没有造成螺纹损坏。

Tina 建议去观察一名新员工的操作，结果看到了不一样的操作方法。这名操作员在把螺帽定位到螺栓上的时候，并没有松开开关。

Tina 建议和 Dan 一起做个试验，确认他们观察到的现象会不会造成螺纹损坏。

Tina 和 Dan 在实用问题解决法中的哪一步？

分析

Tina 采取的是哪一种辅导 / 教练行为？

- 关注了解流程，而不是实施对策，Tina 和 Dan 在步骤 3（调查原因），但是 Dan 的建议却跳过了这个步骤，直接到了步骤 4（制定和检验对策）。这种情况并不罕见。

  我们经常认为好的问题解决就意味着采取行动。丰田则恰恰相反，将问题解决的焦点放在了了解现状，其程度之深入足以让对策水到渠成。丰田会避免学员在尚未充分掌握现状以前便实施对策。

  如果我们还没有掌握现状就开始实施对策，会增加更多变量，从而会影响根本原因的确认。在最坏的情况下，我们会因为错位的对策暂时遏制了问题，而相信自己的努力是有效的。

- 关注流程，而不是人。导师明白，绝大多数的问题是由系统造成的，而不是个人本身。他们会假定操作者都尽力而为，就算他们亲自操作，问题还是会发生，只靠培训无法改善流程。

  这里有一个重点需要注意，如果我们真的按照 Dan 的建议去培训新员工，报废率是可能会降低的。不过，这不是因为根本原因被消除了，而是对这个流程有了额外的关注。由于流程本身并没有真正的改善，不久之后，同样的问题会再次发生。

  为了将这样的思维灌输给学员，导师会问诸如这样的问题："是什么阻碍了操作员按照标准去工作？"或者"你知道问题发生的时候，操作员在做什么动作吗？"

  Dan 建议培训，但是要培训什么呢？要如何改变流程、标准，才能有所改善？他还没有回答清楚这个问题。

● 检验，避免空谈。在大范围实施某个对策之前，先进行小规模的测
　试。一如既往，找到事实和数据。

Tina 和 Dan 在实用问题解决法中的哪一步？

Tina 和 Dan 已经到达步骤 3：调查原因。

如果你是 Tina，你会怎么做？

第 10 幕

　　Tina 和 Dan 拿起一些报废的内饰件和一把扳头，到一辆汽车那里
尝试按照他们在流程中看到的方法安装零件。他们注意到螺帽被正确定
位的时候，他们可以从扳头那里感觉到。这点很重要，因为在安装侧板
内饰件的时候，把螺帽对准螺栓的操作无法直接看到。接着，他们尝试
用在其他流程看到的方法安装螺帽。

　　在做第二次试验的时候，他们没有在螺帽对准螺栓的时候松开扳
头的开关（保持运转）。10 次试验中有 4 次会导致螺纹损坏。Tina 和
Dan 现在明白，要保证螺帽能对准螺栓，唯一的办法就是在定位前先松
开扳头的开关（停止）。

　　接下来，他们再一起去检查一次侧板内饰件流程的工作标准。没
有任何信息显示，操作员需要先将螺帽定位好再按下扳头的开关。Dan
告诉 Tina 现在他可以召集操作员开会，讨论他们的调查结果，并要求
大家按照正确的程序安装螺帽。

　　Tina 指示 Dan 也要根据发现的结果修改工作标准，此外，还要求
Dan 在明天早上的班组长会议上汇报他们的发现，和其他班组长一起确
认部门其他流程是否也可能还有类似的问题。

　　Tina 和 Dan 在实用问题解决法中的哪一步？

分析

Tina 采取的是哪一种辅导 / 教练行为？

- 在采取措施之前先进行小规模的测试。

- 参照工作标准或目标状态。

Tina 和 Dan 在实用问题解决法中的哪一步？

Tina 和 Dan 已经到达步骤 4：制定和检验对策。

如果你是 Tina，你会怎么做？

第 11 幕

　　Tina 和 Dan 追踪 B 段的废料三个月，没有再发生侧板内饰件因为组装造成的损坏。

　　Dan 观察操作员和流程，确认新的工作标准已经落实。第二班的班组长也已经知晓要采取相同的方法。

　　Tina 向内饰线的副经理汇报她的问题解决经验。

　　Tina 和 Dan 为什么要坚持跟踪内饰件废料三个月？

　　为了确认根本原因已经找到，而且已经被消除了。

导师与学员对话案例的综合讨论

　　现在已经阅读完整个案例，现在可以针对丰田的导师与学员对话和问题解决进行更深入的讨论了。

读完整个案例有什么感觉

　　我在课堂上，带领过数百人阅读和讨论这个案例，许多学员都认为 Tina 和 Dan 解决问题的速度太慢了。当 Tina 和 Dan 反复地回去观察现状的时候，有些学员已经开始不耐烦：他们什么时候才采取行动？

　　需要注意的重点是，丰田会把重点放在步骤 2（掌握现状）和步骤 3（调查原因）上。只要这些步骤做得足够扎实和彻底，步骤 4 通常会很快，对策几乎是水到渠成。如果对策还不明朗，通常意味着必须对现状做更多研究，而不是花费很多时间去思考对策。这正是勤能补拙、笨鸟先飞的典型例子。

据说，有人曾经问爱因斯坦："如果给你一个小时的时间解决一个问题，你会怎么安排？"在这个轶闻中，爱因斯坦是这么回答的："我会用 55 分钟来分析问题，然后用最后的 5 分钟来实施对策。"有趣的是，我们在企业里的做法正好相反。我们会用很短的时间确认问题，便提出各种对策，并希望其中的一个能起作用，遏制住问题的发生。丰田的做法大有不同，丰田的目标并不是实施对策，而是更加了解工作系统，并从中学习，进而在这个基础上改善流程。

如果我们针对一个问题拿出了一系列的对策清单，说明我们还不够了解情况，并不清楚是什么导致了问题的发生。与其实施数个对策，引发更多的混乱，同时让分析变得更加复杂，不如在采取行动之前更加仔细地观察现状。我们一直在教经理们去思考什么可以解决问题。丰田的经理人，如 Tina，思考的是他们的学员应该如何解决问题。

你觉得这个案例花费了多长时间

我手上并没有 Tina 和 Dan 具体花费了多少时间的数据，但是这个故事很可能从头到尾都是在一个班次内发生的。这是一个关键点，也展示了经理和主管是如何规划他们的工作时间的。

如果导师希望学员能够充分掌握现状，一步一个脚印，一次只改变一件事情，那么从一个步骤到另外一个步骤的间隔就必须很短，衔接紧密。如果我们的经理和主管想把这样的辅导列入既定的日程中（例如每周的业绩回顾会），那么就太晚了，也太古板。这样的话会造成以下后果：

- 流程内部和外部的情况很可能会变化。

- 由于前进的速度太慢，问题解决的压力会变大，从而会造成我们略过步骤，直接跳到对策。

如果想要一个有效的 PDCA，导师应该尽快检查前一步，这样才能根据所发现的情况进行调整。如第 6 章所述，进步来自小而快的步伐，而且总是根据目前的实际情况调整。丰田的导师通常会对实施下一步的时间要求非常短，同时会通过站在流程现场的回顾会议，马上检查该步骤的结果。时间间隔通常是几分钟或者几小时，而导师也会把重心放在下一步。超过这个以外的动作或者步骤，就没有必要在此讨论，因为一旦实施某个步骤，情况就已经改变。

我曾经见过一个丰田的导师问了第 5 个问题："什么时候我们可以去现场看看实施这个步骤让我们学到了什么？"学员回答："两天内。"导师会一直重复问相同的问题，直到学员回答："今天下午怎么样？"导师才说："好的，很好！"

如果 Tina 选择待在办公室而不是亲自去观察流程，会发生什么事

如果 Tina 只依赖于 Dan 的汇报，而没有去现场观察，很快就无法提供好的建议。亲自去现场观察可以让导师更接近流程现场，而不是为了寻找解决方案，那是学员的责任。亲自去现场观察是要掌握现场的细节，从而可以引导学员进入改善套路的思维和行为中。

Tina 如何教导 Dan

Tina 并不是在教室里教导 Dan，而是在实际的流程上进行实际的改善。和在办公室内进行的项目回顾会相反，这种一对一的辅导会在生产现场进行。

你对 Dan 提出来的对策有何看法

Dan 的对策是给组员开会，给大家讲解正确的安装螺帽的方法，同时

更新作业指导书，指出在套螺帽的时候要松开扳头的开关（关闭扳头），并在班组长会议时汇报他的发现。

很多研读过这个案例的人都会想要一个更保险的对策，比如增加一个装置，可以在操作员将螺帽套到螺栓上的时候防止扳头启动。但是，Dan 的对策在丰田是可以接受的。为什么？丰田的生产流程由班组长严密监管，他们会对照工作标准观察每一个班次的流程运作。如果我们的生产流程大部分现场无人管理（很多工厂确实如此），那么当然会比较偏好一个保险一点的机制，也就是他们称为"防错"的措施。有趣的是，丰田并不喜欢在流程中加太多的防错装置，因为这样会增加维护的工作，而且丰田希望操作员在做自己工作的时候能够有所思考。

这里还有一个更微妙，但是也很重要的点。有时候我们在试验丰田的辅导套路时，导师会发现一个比学员更好或者更巧妙的解决方案。那个时候，导师会很想提出自己的解决方法去取代学员的做法。

丰田的目标不是必须在今天就拿出最好的解决方案，而是培养组织的人解决问题的能力。导师不会因为自己的点子比学员好而得到加分。当然，解决方案要能够服务好外部顾客，在这之外，丰田不会费力去寻找完美的解决方案，而是把精力放在培养人的能力上。

和案例中的 Tina 一样，导师会扮演一个很严格的顾客，不断地问问题来引导学员去解决问题，但是学员才是负责分析问题，找到解决方案的那个人。尤其对于新人导师来说，如果导师在心里已经有一个和学员不同的解决方案，将学员引导到他心中的那个方案并不是丰田的做法。如果学员能够有效地解决问题，达成目标状态，那么导师必须接受。

真正的重点是：学员的表现是组织能力的反映，尽可能不要隐瞒，因为我们总是想要尽可能地了解现在的真实状况。学员提出的解决方案反映了组织现在的能力，对导师来说，这是一个重要的信息，可以告诉他们接下来需要和学员一起去培养哪些技能。人为创造出完美的方案会掩盖事情的真实状态，我们更难明白接下来必须做什么才能使组织向前迈进。

当我忽然明白这点时，感觉就如醍醐灌顶般地灵光乍现，希望你读到这里也一样有所顿悟。

管理层并不需要提供问题的解决方案，而是应该在组织内提供一个可以应对不同形势的套路。只要正确地在组织内培养了运用套路的能力，管理层就不需要担心成果。反之，如果成果不能令人满意，那么便是没有正确应用套路。

想象一下，这样的套路在一个组织内的每一个流程上坚持了数十年

在这个案例中，我们看到的是一个生产数个车型的汽车公司，其中数千个零件中的一个螺纹在装配过程中损坏。看起来 Tina 和 Dan 付出了太多的努力，好像不成比例。但是想一下，这么微小而有效的持续改善，每天发生在每一个流程长达 50 年之久，是不是能开始感受到丰田为何能屹立在行业之巅？

警告！辅导技能需要练习和培养

丰田的辅导和教练能力是独一无二的，培养这样的能力需要在有经验的老师的指导下不断练习。我在这个过程中看到过一些容易犯的错误，包括以下几个。

- 要想成为导师，需要从学员开始。在一旁辅导学员实施改善套路，导师自己必须在实践改善套路上有足够的经验。
- 刚开始做导师的时候，培养正确的心态是一件困难的事情。当你亲自到现场观察的时候，必须保持开放的心态，对于现状和解决方案不要预设立场。导师必须熟悉改善套路的方法（如何做），但对于特定改善工作的内容需要保持开放的心态（做什么）。比如，缺乏经验的导师常常会通过诱导性的问题引导学员采纳导师的方案。这就像

是一个猜谜游戏："从 1 到 10，我在想哪个数字？"很遗憾，这个方法不能培养学员的能力。需要记住的是，导师问学员在想什么，是为了知道学员是如何思考的。

● 学员会迫于压力而给出答案，即使他们并不知道答案。导师应该让双方都能接受"我不知道"是一个很好的答案。当"我不知道"的时候，就亲自去看。

书面记录导师与学员的对话

辅导的周期理想上来说应该要频繁、简短和一对一进行。在这个案例中 Tina 和 Dan 的对话都是口头的。不过我们通常也会建议用一页纸的书面报告来协助导师与学员的辅导工作。只依靠口头会让我们忽略事实和数据，而且学员可能会不自觉地揣测导师想要听到什么，然后调整他的说法。

导师会在开始辅导之前，要求学员撰写一页纸报告，这样就可以更清楚地看出学员是如何思考和处理问题的。这回过头来又能帮助导师知道下一步应该怎么做，以及当时应该提供什么指导。将书面报告限制在一页纸上，可以迫使学员清楚地描述分析过程和建议。

导师与学员的对话中，一页纸报告包含的典型事项：

● 观察结果或者现状的摘要；

● 目标状态；

● 建议的内容；

● 计划；

● 反省重点。

在丰田，这种一页纸的报告被称为 A3 报告。因为通常写在一张账簿尺寸的纸上，很多国家将这种尺寸的纸称为 A3 纸。

一般来说，A3 报告的格式可以反映出改善套路的步骤。A3 报告通常以简练、项目列表和可视化的风格来撰写，用数据来讲述一个故事。虽然 A3 报告只有一页，但也可以在后面附上一些附件。故事本身则需要写在一页纸上呈现出来。

根据不同的主题，A3 报告的格式可能会有所变化。图 8-8 所示的是一份 A3 报告的标准格式。

你可能会注意到在这个 A3 报告范例中，现状在目标状态之前，跟第 6 章中的 5 个问题的顺序不一样。这是因为 5 个问题原来是在目标状态确定之后才登场，然而 A3 报告是从开始就存在，所以了解现状会发生在定义目标状态之前。A3 报告中的每一部分都是建立在前一个部分上的。主题定义得越好，现状评估就会做得越好。现状评估得越好，目标状态就越适当。依此类推，学员在撰写 A3 报告的时候，导师通常会要求学员一次只专注在一个部分上，而且可能会反复好几次。只有这样，才能成为下一部分的基础。

（A3 报告的负责人需要一位导师一起完成这个故事）

主题和业务背景	从现状迈向目标状态
• 这个 A3 报告是关于什么的 • 为什么要做这件事情	
现状（初步的） • 现场观察，根据现场的分析描述现状证据要充分 • 必须有一些方面是可衡量的	• 描述计划采取的行动 • 计划是一种预测，因此沿途的 PDCA 将会非常重要
目标状态 • 描述未来某个时间点的状态 • 必须清楚描述，具体定义 • 必须有一些方面是可衡量的，这样我们才能知道是否已经达成	**衡量指标** **签名** • 正式同意进行本计划

图 8-8　A3 报告的格式范例

A3 报告的用途

A3 报告的用途是支持导师与学员的对话，主要有以下几点：

- 促使学员仔细思考一件事情。要将我们对某件事情的了解提炼出来，并记录在一页纸上是非常困难的。为了准备一张简练而准确的 A3 报告，你会被迫深入地去了解具体情况。

　　我很想写一封简短的信，但是我没有时间。

　　——布莱兹·帕斯卡（Blaise Pascal）和约翰·沃尔夫冈·冯·歌德（Johann Wolfgang von Goethe）

- 呈现学员的思考方式，如此一来，导师才能看出下一步是什么，需要培养学员什么技能。
- 使辅导工作更加高效（见图 8-9）。一张 A3 报告能让导师和学员有共同的关注点，从而建立一种客观、不责备的环境。如果出现重要议题、问题或者心得教训，应该备注在 A3 报告中。
- 取得共识和明确的行动。
- 作为流程检查的里程碑。

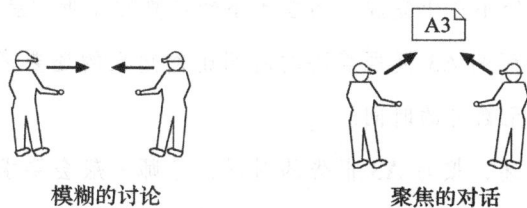

模糊的讨论　　　　　　　　聚焦的对话

图 8-9　一份 A3 报告让导师与学员的互动保持聚焦

A3 报告的心得

我们在学习丰田的实践的时候，这是另一个很容易错失要点的例证。我们往往把重心放在工具本身（在丰田看到的已经完成的 A3 报告格式），而没有注意 A3 报告是"为什么和如何"开发和应用的。有些经理人和顾问根据丰田应用 A3 报告的学习心得，将 A3 报告单独拿出来作为一项精益工具，以供人们使用。这样的做法在很多时候都毫无建树，只是浪费了更多纸而已。

A3 报告本身并没有任何神奇之处，其中的关键点在于使用 A3 报告的方法。以下是我们在试验中总结的几点。

- A3 报告可以支持导师与学员的对话，这个对话就是辅导套路——辅导和推动改善套路的应用。改善套路则用来追求一个长期的方向或愿景，有改善套路的存在是因为组织拥有持续改善和调整的理念。光靠 A3 报告本身，恐怕效果不大。

- A3 报告是在导师与学员之间反复来回传递的过程中形成的。它不是签名之后就了事，这样的话就太流于形式，毫无意义。想象这个报告，随着导师和学生对现状和目标逐渐加深了解，在他们之间来回传递，从而逐步完成各个部分。A3 报告如果没有经过数次退回，那就没有正确应用。A3 报告的好处大部分源于撰写的过程，因为它会迫使你运用事实和数据，仔细思考你在做的事情。做这件事情的目的和好处不在于完成，而在于不断重复的逐步发展过程。

- 撰写一份好的 A3 报告需要的时间比你想象的还要多，有时候会耗费数周甚至数月的时间。

- 如先前所述，撰写 A3 报告的时候，导师一般会要求学员一次只关注一个部分，因为每个部分都是在为下一部分制定好框架。你也许会经常回头做些调整，所以要准备好橡皮。

- 一旦 A3 报告完成并签字，便成为导师与学生在努力达成目标状态的过程中进行检查的工具。这时，A3 报告就能够帮助导师与学员沿途辨识问题。

- 一个好的开始的方法便是简单要求学员在一张白纸上写下他的建议，而不需要提供事先确定好的 A3 报告格式。然后，看学员会写出什么内容。接着你就能看出学员的思考方式，并从这个地方开始引导他。这就像在案例分析中，Tina 给 Dan 一个模糊的任务的开始，然后看他的反应，以便在指引下一步之前，了解 Dan 的思考方式。

- 警告：书面文件可能会让面对面的沟通被电子邮件所取代，或成为亲自去看的替代品。沟通还是应该维持面对面的方式，也同样要重视流程现场的事实胜过数据。

- 少说，多沟通。将焦点放在 A3 报告的内容上，避免即兴式的讨论，这类讨论常常不是基于事实和数据的，很快就会忘记，所以是浪费时间的事情。没有资料便没有讨论的基础。为了避免这种结果，在开始辅导之前，需要要求学员概述必要的论点和资料。

想要知道更多导师与学员对话的 A3 报告流程，参考约翰·舒克（John Shook）的《学习型管理》（*Managing to Learn*）。⊖

⊖　此书中文版已由机械工业出版社出版。

第四部分总结

丰田经理的管理方法和其他经理的方法有着天壤之别。当然，两者都会用到目的、目标和成果衡量指标，但这对丰田的经理／导师而言只是一个起点，因为他们还有辅导的责任。如图 P4-1 所示，差别就在于经理和下属之间的交流和互动。

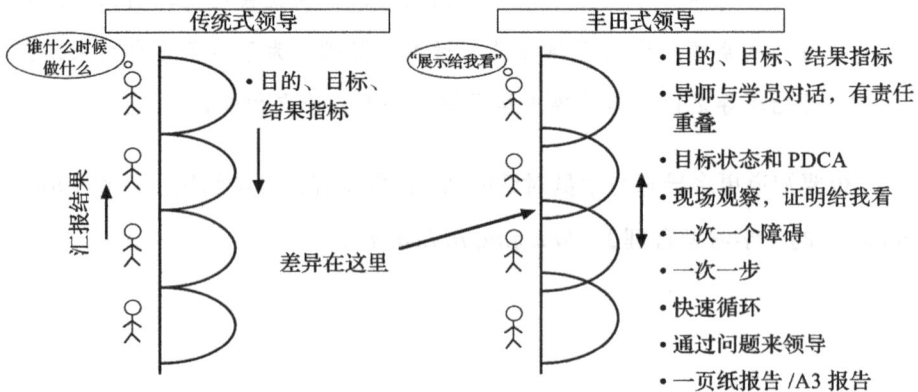

图 P4-1　差异就出现在经理和下属之间的交流和互动

辅导的要求和责任是重叠的（学员负责做而导师为结果负责），就像两人三脚比赛中的两个人，一个人的右脚捆住另一个人的左脚那样把主管和下属绑在一起。这是一个队友间相互依赖、学习与合作的竞赛。恐怕你会把这个当成组织里某些人的练习，但是，谨记每个人在丰田都有一位导师。

从某些方面来看，丰田的改善套路和辅导套路将目标管理的潜能发挥到极致，与此同时，我们在做的事情，好像将目标管理沦落到"数字管理"或者"结果管理"。

丰田自己的说法如下：

丰田拥有独特的企业文化，着重问题解决和预防性措施，如基于现场实际情况决策，立刻举手和分享让问题可以暴露出来。丰田的管理团队和员工是站在一个相互制衡的共通制度以及高道德标准的基础上工作和制定决策的。

丰田制度的一项特点，是董事长这个职务不只是专职管理。作为最高管理者，这些人同时也扮演联系管理和现场作业的桥梁。持续将重心放在现场的发展上，是丰田永续经营的优势之一，也有助于密切调和决策和实际操作。管理决策能迅速地在运营中反映出来，而全面性管理战略也能轻而易举地将前线运营的反馈信息融入其中。

——丰田 2004 年年报

第三部分所介绍的改善套路是一个科学化的方法，因此可以放之四海而皆准，能应用在许多组织和许多不同的情境中。我曾经多次成功地运用改善套路。它确实有效，而我会毫不迟疑地将本书描述的改善套路推荐给读者。

另一方面，谈到辅导套路，由于我们对此还没有足够的经验，因此无法确切知道这是不是培养改善套路的有效方法。但是要传授改善套路，某种形式的辅导是必要的。只是我们必须对这种教学方式做更多的研究和试验。也许丰田的辅导套路不是唯一的方式。

区分改善套路和辅导套路之间的区别是很重要的，因为我们的主要目的不在于问题管理，而是要让组织的成员能够遵循改善套路的方式去思考和行事。导师分清楚这两种套路，才能清楚地自问以下两个问题。

- 这个人的改善套路做得如何？
- 我现在应该给予什么样的指导？

丰田的辅导套路是否在持续变化

导师与学员制已经成为丰田将改善套路传递给所有组织成员的一种传统。丰田和通用汽车以相同股权在北美洲合资成立的第一家工厂，位于加利福尼亚州的弗里蒙特，从 1984 年开始量产的新联合汽车制造公司（NUMMI），用的正是这种方法。有将近 400 位协调人从日本派到加利福尼亚州的工厂，基本上这些人就是导师，负责辅导丰田新进的美国员工，利用本书描述的导师与学员制中的从做中学的方法，传授他们改善套路。再后来，差不多数量的协调人也被派到肯塔基州的第二个北美生产基地。

不过，最近几年，丰田在全球成长的速度很快，需要给更多的新进员工培养改善套路的思考和行为模式。丰田的辅导套路，也就是导师与学员制已经无法正常运作，因为这个方法需要有经验的导师，但导师数量很有限，而且执行起来很耗费时间。

> ……我们重塑丰田的一个不可或缺的方面，是改变选择和培养领导人的做法，显然，只用日本籍的顾问已经无法满足。我们的触角在世界各地伸得太远了。
> ——丰田汽车公司董事长张富士夫于密歇根州特拉弗斯城的一场演讲，
> 2004 年 8 月 3 日

既然丰田把问题视为进化和改善的机会，我们可以假设它也在调整传授改善套路的做法。从另一方面来看，一家组织刻意养成的行为是脆弱的，丰田也不例外。只要丰田的组织里还有够多的重要成员，了解并能够驾驭着自我调整的行为模式——改善套路，丰田在这个部分的调整或许能仍然有效。

我们的下一步是什么

试验的证据显示，人们要学会使用改善套路，并在每天的流程运作中使用，某种形式的辅导是必需的。如果你想将改善套路整合到组织做事的方式中，就需要发展某种辅导方法。我们将会在下一章，也是本书的最后一章讨论这个主题。

第五部分

复制

其他公司怎么做

在组织里培养改善套路的行为

本书在引言中提到第二个核心问题："其他组织如何培养类似的模式和思想？"经过第三部分和第四部分的阐述，我们对丰田持续改善和调整的做法已经有了基本的了解。当然，我们还有很多东西需要进一步学习，但或许我们应该把注意力从丰田正在做什么转移到这第二个核心问题上来。研究和讨论丰田固然很有趣，但更重要的事情是从我们的实际情况出发，尝试去试验、学习和培养改善套路。

明白你正在做什么

第二个核心问题的其他表述可能是：

- 我们如何才能让组织里的每一个人都按照第 5 章和第 6 章里所描述的改善套路来思考和行事？
- 我们如何才能在组织里植入这样的行为和模式？

- 我们如何才能让改善套路的行为深入整个组织，使每个流程的每个人每天都在使用？
- 我们如何才能学习新的思考和行为方式？

也就是说，在更进一步之前，我们应该先了解所面临的挑战。我们已经对丰田成功背后的改善套路了如指掌，明白改善套路是关于行为模式和培养这种行为模式的。那么问问自己："这是你想要做的吗？"

和我们认为的"精益制造"相比，培养一个全组织的新的行为模式，需要付出更多的努力和实施更深远的变革，尤其在领导人的行为方面。即便是实施"精益"或者"丰田生产系统"，将持续改善导入一个组织，所遇到的挑战也和刚开始估计的不同。丰田将改善套路和辅导套路融入日常的管理中，这意味着这并不是把某个东西加在我们现行的管理方式中，而是我们必须改变管理的方式（见图9-1）。

组织文化

试图让组织里的每个人都按照某种方式去思考和行事，意味着你面对的是组织文化的问题。大多数对丰田的方法有兴趣的公司可能都不需要完全改变它们的文化，只需要如图9-2所示那样，做一些调整，在路上转个弯即可。但是，如何才能实现组织文化的这种转变呢？

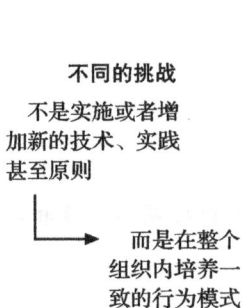

不同的挑战

不是实施或者增加新的技术、实践甚至原则

而是在整个组织内培养一致的行为模式

图9-1 任务

图9-2 改变组织的文化

我们目前对这个挑战了解多少

虽然也是困难重重，但是从 20 世纪 80 年代开始，丰田集团已经成功地将它的方法传授给了那些遍布世界的分公司本土员工。也就是说，已经传遍了丰田集团内部。这也包括了北美洲和欧洲，这说明丰田的改善套路对于丰田以外的组织和人也是可行的。不过，我曾经在第 1 章说过下面这段话：

> 截至目前，我们没发现在丰田集团以外的任何一家公司，可以像丰田汽车那样持续不断地以系统化的方式有效调整并改善质量和成本竞争力。

聪明的读者或许在本章一开头就已经很好奇：如果没有任何一家丰田以外的公司，曾经成功地导入这样系统化的持续改善，并植入全组织上下所有的日常流程中。那么又有谁能回答本章开头的那个问题，并告诉我们怎么去做呢？

对于前面提到的第二个核心问题，包括丰田在内，我们都还没有一个权威的答案。比如，丰田努力地想把他的方法传授给他的供应商，也在各种不同的供应商流程和价值流上获得了很多局部的成就，即便如此，也还没有达到预期——将改善套路植入整个组织的日常管理中。

我在本章中能做的，是和读者分享我们在第二个核心问题上的学习心得（事实上真的不少）。另外，也会谈到我们如何应对这个问题所引发的各种挑战。

你必须成为一个试验者

本章的目标，同时也是本书的总体目标，是要让你通过试验的方式，开发出适合你的实际情况和需要的管理系统。如果你想改变行为模式和组织文化，看起来也别无他法。

- 世界上恐怕并不存在放之四海而皆准的方法。每一家公司都应该仔细深入地研究自己的实际情况，并借此开发管理系统。

- 努力了解目前所处的实际情况并进行试验，能给你带来莫大的价值，因为只有这样才能学到经验和教训。寻找第二个问题的答案，和具有挑战的目标状态一样，会是（也应该是）一个灰色地带，没有人能给你解决方案。

我们的确知道如何通过灰色地带。改善套路是改善流程时所用的方法，也是一种试验的方法，几乎可以应用在任何一种流程上。因此，当我说你必须成为一名试验者的时候，并不是要你另外发起一个活动。持续改善和调整、培训员工，还有培养组织文化，都可以通过相同的活动同步进行。事实上，这也相当传神地描述了丰田的做法。

越来越多的组织开始致力于此，它们的高管已经认识到丰田的方法更多的是改变人的行为模式，而不是实施各种工具、实践或者原则。事实上，当你致力于在组织内培养改善套路的行为的时候，这些一步步地努力同样会影响你实施的工具、实践和原则。这也不失为一个不同的视角。

什么方法行不通

我们早期从试验中得到的教训，都是那些对改变人们的行为无效的方法。让我们开始就将这些方法排除在外。如果你想让改善套路（一种新的行为模式）植入组织，那么以下的方法可能不会有效。

- **课堂培训**。即便结合了模拟的课堂培训，也无法改变人们的行为。多年以来，我们一直假设只要深入理解丰田的系统，便能自动消化吸收。这听起来很有道理，但是很不幸，这个方法已经被确认是无效的。一般来说，仅凭理性的知识，并不能导致行为、习惯或者文化上的改变。如果不确定，问一下吸烟的朋友们就知道。

如第8章所提到的，在体育运动中所说的"训练"的概念，大不同于我们在公司里所说的培训。对于体育运动来说，训练意味着在教练的指导下重复地练习同一项动作。这种类型的训练，如果作为整体战略的一部分，应用在培养新的行为方式上，就可以有效地改变行为。

不是说课堂培训一无所用，但更多的可能只是实现了"认识"[⊖]。即便如此，如果之后没有结构化的重复练习，这些认识也会很快烟消云散。课堂培训的时间不应该太长，它的主要用途应该是提供信息，而且要针对那些即将要在教练的指导下实际动手操作的人。

- **研讨会**。研讨会是用来实施局部改善的工具，并不能培养新的行为。正如第2章所述，研讨会结束后，所获得的改善成效会自然而然地消退。

- **请顾问帮你做**。培养内部的模式和培养在流程中持续改善与调整的能力会牵涉所有的人（文化），从定义上来说就需要组织自己亲力亲为。诚然，有经验的外部顾问能给你提供辅导建议，尤其在刚开始的时候，他们也可以跟你一起去做试验。不过，如果你想培养自己的能力，这样的努力就必须来自内部，来自上层。如果上层不改变行为并以身作则，组织就不会改变。本章稍后会有更多讨论。

- **期望用绩效指标、激励机制来实现改变**。如我们之前讨论的，没有任何绩效指标和激励机制的组合本身能产生改善套路的行为，改变组织的文化（如丰田那样）。

- **组织重组**。很多公司都曾经试图通过组织重组来找到一种能能够激发持续改进和调整的组织架构，例如从部门架构重组为价值流架构。但是鲜有成功的案例。

组织重组有时候看起来会颇具吸引力，但其实你无法将你的方式"重组"成为持续改善和调整的方式。其中的关键点不在于组织架

⊖ 原文为awareness，有认识、认知、知晓之意。——译者注

构，而在于人们是如何行事和应对的。丰田成功的根源也不在于它的组织架构，而在于培养人们的能力和习惯。事实上，很多人会惊奇地发现，丰田本身庞大的组织架构是非常传统的部门型组织架构。丰田的组织架构如班组制，如果有任何特别之处，那就是他们致力于培养特定行为的结果，并非相反。先厘清你想要人们如何行事（如改善套路），然后努力培养这类行为模式。如果这一路走来，调整组织是个必要或者有用的对策，那也无妨，但就只是对策，绝不是目标状态。先将你的注意力放在培养改善套路的目标上，然后才考虑是否有必要调整组织架构。

这些方法都有一些市场，但他们不会产生改善套路的行为，也就无法通过实施改善套路实现成本和品质的改善。因此，书籍，知识，课堂培训，讨论会等诸如此类的工具，都无法改变组织的文化。

我们如何改变

心理学已经解释得很清楚：我们通过重复地练习行为，形成习惯和自动的条件反射。如果想建立新的神经回路，我们必须练习想要的行为模式，并能定期从中获得成就感。从做中学或者体验式学习这个方法，也已经衍生出众所周知而且被广泛接受的变革模型（见图9-3）。

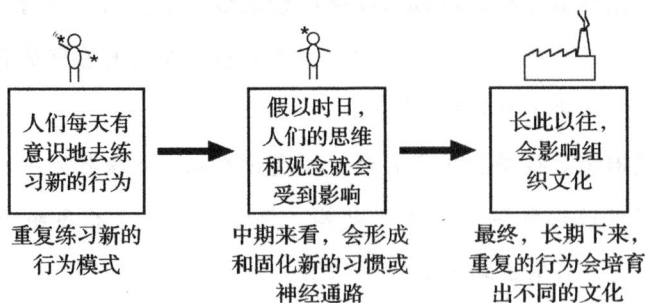

图 9-3 组织文化的变革模型

我们绝大部分的行为都是例行性和惯性的。重复练习（训练）能建立新的神经通路，假以时日便可形成一种组织文化。不过从现在的管理方法来看，改善套路的几个观点是背道而驰的，甚至是违反直觉的。在这个时候，变革模型就更能体现其重要性。如果想真正理解改善套路的本意，唯一的方法就是在不同的实际情况下，亲身去实践，重复地练习。

理想上，遵循改善套路的模式会成为一种自发的条件反射，我们的精力就得以释放，这样就可以更多关注面临的细节。这正是第 8 章所描述的辅导套路想要实现的理想状态。这也是丰田人很难向我们说明他们潜在的模式的原因。

> 重复的作为使我之所以为我。优秀不是一种行为，而是一种习惯。
>
> ——亚里士多德（Aristotle）
>
> 知道但不去做，形同不知。
>
> ——禅语

幸运的是，套路就是特别设计用来传授的。在武术中，创造套路就是为了师父能够将他们认为最精湛的功夫世代传承下去。换句话说，套路就是一种做事的方法，用在本章讨论的主题上就是指：练习行为和学习新的习惯模式。

如何做试验

用实际的流程

我们从丰田那里原汁原味学来的是：培训和实践是不分家的（见图 9-4）。学员为了练习改善套路和辅导套路，把它们应用在实际流程的实际情况中。这种试验方法是真枪实弹上战场，绝非纯理论探讨。从中你可以看到学员真正的思维方式和技能水平，并采用适当的下一步。流程改善的程度或者不足则是你的指标，用来衡量你辅导和培养学员的有效性——是否形成了期望的行为模式。

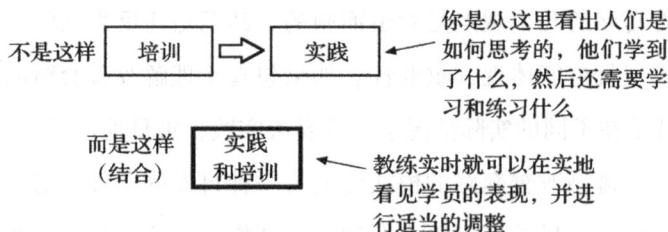

不是这样　培训 ⇨ 实践　← 你是从这里看出人们是如何思考的，他们学到了什么，然后还需要学习和练习什么

而是这样
（结合）　实践和培训　← 教练实时就可以在实地看见学员的表现，并进行适当的调整

图 9-4　在真实的流程进行试验

关注三个主要因素

如果想要人们（包括我们自己）按照改善套路的模式思考和前进，我建议关注这三个我们可以施加影响的主要因素（见图 9-5）[⊖]。

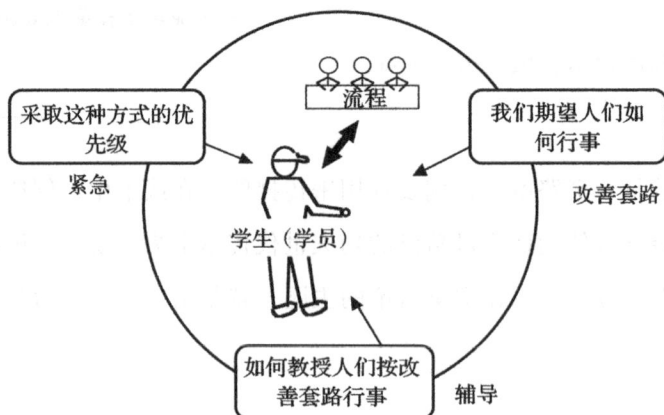

图 9-5　我们可以影响的三个因素

只关注这三个领域中的一项，不能有效地改变组织的文化。同样地，忽略任何一项，一样不会有效果。举例来说，如果只建立了改革的紧迫感，通常会带来各种各样的反应行为。这些反应往往不是真正的变革，或者根本不是改善套路。我们不能期望只简单地推动人们，就可以培养出改善套路的行为。

类似地，仅凭辅导，成果也非常有限，需要辅导什么呢？

最后，如果只定义和解释什么是改善套路，即使同时建立了紧迫感，

⊖　感谢拉尔夫·里克特（Ralph Richter）先生对这张图所提供的意见。

也还是改变不了人们的行为。这种情况就好像对着运动员说："你应该这样打才能赢球。"然后就放任不管。

通过改善套路来培养改善套路的行为

这是本章最重要的建议：要培养组织的改善套路行为，应该在培养行为的过程中运用和遵循改善套路。简单地说，改善套路就是你的试验工具。

这并不是"实施"一个新的管理制度和文化。通往任何目标状态（包括文化变革在内）的道路都是不清晰的，而成功的关键在于执行好 PDCA 循环。换句话说，在努力达成目标状态的过程中，很重要的是需要频繁地检查现状并据此调整。培养新的行为模式是一个通过不断地实施 PDCA 实现逐渐变革的过程。

通过改善套路来培养改善套路的行为，是一个将改善套路用在一个比生产流程更高的层次上的范例。改善套路可以应用在所有层次，而 5 个问题也都可以用来问组织里的每一个人（见图 9-6）。

改善套路	生产流程层次	个人层次	组织层次
掌握现状	这个流程现在是如何运作的	这个人现在是如何实施改善的	我们现在是如何实现改善的
现状　问题和障碍　目标状态 建立下一个目标状态	我们希望这个流程如何运作	我们希望这个人如何着手进行改善	我们希望如何实现改善
5 个问题 实施 PDCA 向目标状态迈进	障碍是什么 下一步是什么	障碍是什么 下一步是什么	障碍是什么 下一步是什么

图 9-6　改善套路可以应用在任何层次

让我们来仔细看一下这个是怎么实现的。如第三部分所述，改善套路可以通过以下步骤在工作流程中实施。

- 掌握现状；
- 确定一个可衡量的目标状态；
- 通过简短的 PDCA 向目标状态迈进。

需要注意的关键是，几乎同样的套路也可以用在辅导流程中。定义一个辅导的目标状态，然后通过实践 PDCA 向目标状态迈进。

这里我们需要同意一个基本的假设：改善套路是有用的。换句话说，我们的试验不是为了测试改善套路的效果，而是为了培养改善套路的行为。如果改善套路未能按照预期运行，那么必须通过 PDCA 去调整导师 / 教练的工作。如图 9-7 所示，想要培养期望的行为模式，最主要的调整旋钮恐怕就是我们的辅导方法了。如果你不满意工作流程的结果，那么需要详细检查辅导工作做得如何。从这方面来看，我建议大家记住一句话："如果学的人没有在学，那是教的人没在教。"

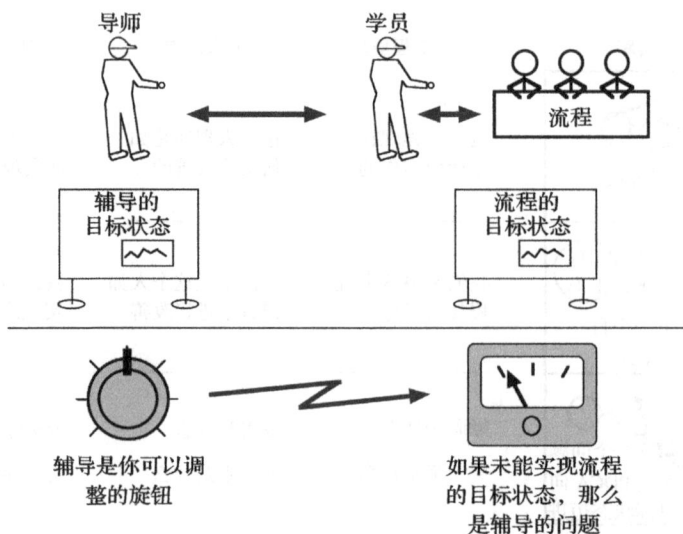

图 9-7　如果改善套路没能有效运作，那么必须调整辅导工作

战术

本章接下来会介绍几个我曾经使用过的战术，对于其他组织也是可以通用的。谈到战术，基本上就是在讨论解决方案（对策），我强烈建议诸位在组织内努力培养改善套路行为的过程中，把这些战术看成抛砖引玉的开始或者点子。在不了解你具体的实际情况和目标状态的时候，提出对策不仅不恰当，也不会见效，同时也会误导你直接跳到实施他人建议的模式中。再啰唆一句，当你试图在组织内培养改善套路行为的时候，最好的建议就是利用和遵循改善套路。然后就可以根据实际所学进行调整，从而找到合适的道路达成目标状态。

要成为教练，自己得先学会

教练的作用是评估学员的表现，并给予建议，并将学员引导到改善套路所预设的思考和行事的正轨上。换句话说，教练应该是经验丰富的。只有亲身实践过改善套路，教练才有能力观察入微，提供有用的建议。

如果一个教练或者领导人无法凭个人的经验知道如何掌握现状，建立一个合适的挑战或者目标状态，然后逐步实现，那么便没有资格去领导或者教育他人。他们在回应学员的问题的时候，只能说"好的"，或者"做得好"，而这些并不是辅导或者教导。

矛盾之处在于组织刚开始的时候，并没有很多人拥有足够多的改善套路经验，可以为人师表。这和丰田快速成长时面临的问题几乎一样。尽早培养出几个教练是组织的当务之急（详见稍后的"建立先遣队"）。

谁先开始

在丰田，改善套路是给每一个人用的，无一例外。丰田仍然坚持着这个从 1950 年便开始使用，并遵循至今的套路。

　　另一个方面，如果一个组织想推动文化的变革，不再因循守旧，就特别需要有高层管理人员带头，身先士卒。在变革的非常时期，高层管理人员更应该率先开始实践改善套路。

　　组织里中基层的经理和主管是最终担任教练的主力。但通常来说，他们不会自发地就开始动身朝着这样一个新的方向前进，这也是人之常情，也容易理解。他们会先观望，根据高层管理人员的行动（而非语言）去判断优先顺序和真实的情况。

　　有个早期的精益思想家乔治·科尼塞克（George Koenigsaecker）曾经用正态分布曲线来描述这种情况（见图9-8）。

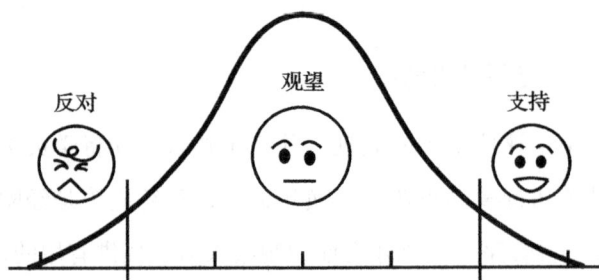

图9-8　对改革的反应分布

　　从图9-8中可以看出，组织里只有一小部分人（曲线右侧）会乐于看到改革并主动参与，另外会有一小部分人积极反抗（曲线左侧），而绝大部分人尽管可能点头表示支持，但其实在保持观望，等着看会发生什么事情。虽然很多人会批评中层管理人员倾向于保守（避免改变），但设身处地仔细想想，作为在职务阶梯中处于中层的管理人员，对不确定事情的观望是可以理解的。更何况，你希望看到你的经理那么容易就从一种管理方式转到另外一种管理方式吗？

　　重点是：

　　1.绝大多数经理和主管（在正态分布曲线中间那一部分）的反应会决定组织里人们的行为，从而形成组织的文化。

2. 如果高层管理人员不能身先士卒，学习和实践改善套路，就不大可能有效地争取、动员和带领那些经理和主管朝着期望的行为模式转变。我们在讨论的这种文化变革，高层管理人员是无法假手他人的。

建立先遣队

给资深经理传授改善套路之前，我们会倾向于先建立一个先遣小队。这个团队开始的目的是熟悉改善套路的内容和运作方式。他们实际上也是最开始实践改善套路的人。

我会将一位高层管理人员（在中小型企业中指的就是最高的管理者）纳入先遣队中。所谓先遣队，并不是将来要负责所有的辅导和训练，或是在流程层次推动改善套路运行的支持部门或者精益部门，那些工作是组织里每一个领导和每一个层级的经理和主管的责任。也不要建立一个专门的精益部门或者团队，然后把这个培养改善行为的责任下放给他们。无数的证据证明，这样一种平行的支持部门设置无法推动变革，只是暴露出高层管理人员推卸责任和缺乏承诺。

先遣队会通过 PDCA 循环，负责指导、修正，并进一步开发组织的辅导方法。他们可以说是"套路的守护者"。不过，这个团队在某种程度上也会协助组织内各层的辅导工作，如此才能掌握组织的真实现状。

如果要更有效地工作，先遣队不应该超过 5 个人，其中会需要一个教练，比如外聘的顾问。如果聘请外部的教练，重要的是让这个教练帮你启动、培养你们内部的辅导能力。切勿让他代替你做辅导工作，如此，组织就没有办法培养自己这种重要的能力。外部顾问的作用是加速和协助你培养辅导能力。

一个好的开始可以是先遣队先在几个装配流程上应用改善套路，在过程中不断反省："我们从这个改善套路、流程、我们的人员和组织当中学到了什么？"这样，团队能更了解改善套路的含义，同时也能对组织流程层次的现状有第一手的掌握。"定拍工序"是一个开始练习改善套路的好起点。附录1和附录2中详细解释了这个概念，并详细介绍了如何评估生产流程的现状——也就是改善的起点，也是建立目标状态的前提。

先遣队还有一些能够立刻开始做的事情，如第5章所阐述的，去评估一个生产流程的稳定性。这包括在生产线的几个不同点去观察20～40个生产循环的时间。然后问："在这个流程中，是什么阻碍了操作员以稳定的循环去生产？"

开始尝试改善套路的这些工作就会耗费先遣队大概2～6个月的时间。听起来好像很久，但回过头来想想，我们讨论的是我们期望组织如何运作，是组织文化的问题。先遣队不应该在还没有对组织层面的现状有大概了解之前，就一头扎进工作中。

生产现场的这些初始活动也是先遣队开始训练内部教练的好机会。我们也会倾向于在5个先遣队成员外增加两三名有潜力成为内部教练的同事。他们接受培训，但不需要参加所有先遣队的活动，如制订计划等。当然，他们会参加生产现场的工作，练习应用改善套路。

利用高频的辅导循环和5个问题来训练学员

心理学告诉我们，如果要养成一个新的习惯，快速而频繁的周期练习（如每天）比时间间隔较长而不够频繁的练习要好。就如第8章里的导师与学员对话的案例，每一次碰撞和互动（实践改善套路）都会有所影响。

为了让人们更频繁地练习和思考改善套路，我目前会使用一个称为"辅导循环"的概念。一旦建立目标状态，这个循环就会带着5个问题登场。5个问题是训练改善套路的秘籍。它们简化了改善套路的模式，让它更容易应用、理解和转移。导师一旦和学员站在流程的现场，便需要在一个辅导循环中过一遍这5个问题（见图9-9）。在大多数情况下，我们会努力针对每一个重点流程，至少在每个班次进行一次循环。辅导循环的目的如下。

- 使教练能够很快掌握改善中的流程和这名学员的现状，以便确定合适的下一步；

- 提供一个系统的训练模式；

- 认可学员的努力。

由 5 个问题组成一个辅导循环

1. 目标状态是什么
   - 你期望发生什么事情
2. 现状是什么
   - 所描述的现状是否可衡量
   - 我们从前一个步骤学到什么
   - 亲自去看，不要依赖报告
3. 实现目标的障碍有哪些？你目前要解决哪个
   - 仔细观察流程和现状
   - 一次聚焦在一个问题或者障碍上
   - 避免使用帕累托图分析：不必费神想要马上找到最大的问题，只要你以快速的循环开始前行，你很快会遇到它
4. 下一步的计划是什么
   - 一次只采取一个步骤，不过循环的速度要快
   - 下一步不一定非得是最有效、最大或者最重要的动作，重要的是你采取了行动
   - 很多下一步其实是进一步分析，不是对策
   - 如果下一步是更多的分析，我们期望从中学到什么
   - 如果下一步是对策，我们期望什么结果
5. 我们什么时候到现场去观察已经实施的改善？我们学到了什么
   - 越快越好，今天就去也不是太快。现在就进行下一步，如何（努力让循环速度加快）

图 9-9　辅导循环的内容

有了实践和经验，辅导循环的时间就不应该太长。有时候，新手教练会陷入冗长的讨论中，同时讨论好几个因素，以至于耗费数个小时也不能结束。我建议的目标是：15 分钟的辅导循环。只要教练和学员双方都清楚下一步（并不是一系列步骤），辅导循环便可结束。在导师与学员对话的案例中，你会发现下一步可以是，也通常应该是很小的步骤。只要是快速的循环，这是完全可以接受的。

当然，辅导循环要做的不只是辅导。以很快的速度过完 5 个问题，然后评估："现状是什么？我们在改善套路的哪一步？流程改进了吗？学员的能力培养得如何？下一步是什么？"经过一次这样的辅导循环之后，导师才

能决定下一步是否要继续和学员一起，如第 8 章导师与学员对话案例中的
Tina 那样继续观察和指导，还是稍后再通过另外一次的辅导循环回来检查。
下一个辅导循环应该尽快展开，通常是在当天的数小时之后或者更短的时
间内。如果可以立刻去做，那就立刻开始。

以下是几个有关辅导循环的心得。

- 一个好的做法是，将学员刚开始的几个目标状态的时间范围限定在
  一周。学员可以借此对整个改善套路有更多的经验，获得一些成就
  感，同时开始建立节奏感。做过一些练习之后，就可以将目标状态
  的时间范围延长一些，比如 4 个星期。
- 不要等到班次结束才进行辅导循环。将检查视为一个开始而不是结
  束，可能的话在工作日一早就做。也可以在确定辅导的目标状态的
  时候，将时间因素纳入其中。如果我们总是将辅导循环拖到班次的
  最后才做，那么表示我们缺乏辅导的目标状态，辅导也没有那么高
  的优先级。
- 5 个问题中的最后一个（什么时候我们到现场去观察已经实施的改善？
  我们学到了什么）是一个节点，新手教练常常在问这个问题的时候，
  认为下一步就是对策或者解决方案。然而，很多（甚至是大多数）时
  候，如同第 8 章的案例分析的那样，下一步其实只是更深入了解现状。
- 另外一个教训是，一直辅导一个目标状态。意思是说，通常一次只
  辅导一个学员。如果你想一次辅导多个学员，往往会让对话变得过
  于笼统，而学员也可能不会那么敞开心扉来讨论问题。每个学员都
  是一个独立的个体，各有其独特的培养需求。

成就感

要培养新的心态，同样也需要从练习新的行为模式中定期取得成就感。
虽然我们可能以为成就感是在某件事情接近完成的时候才会出现，但如图

9-10 所示，在改善套路的每一个阶段都存在着正面鼓励的契机。由于目标不仅是解决方案，同时也是培养能力，从而能遵循改善套路的模式，了解现状和找到合适的解决方案，那么我们就要善用这些契机。

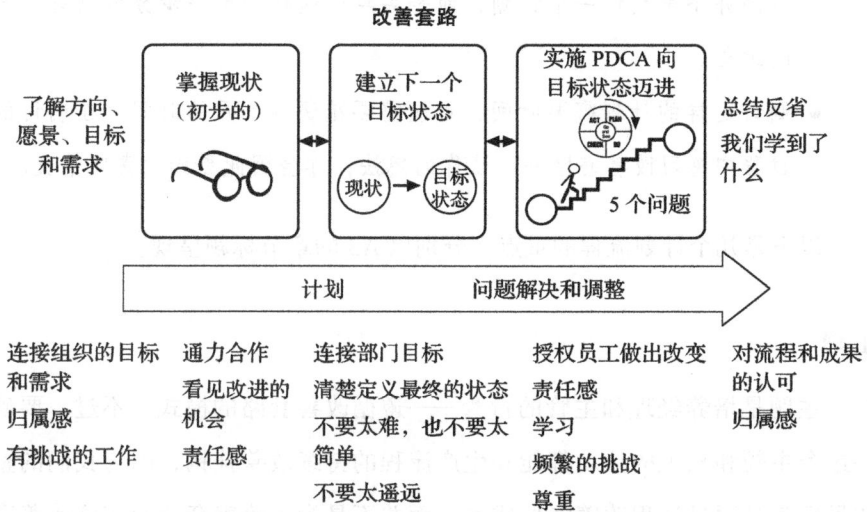

图 9-10　改善套路循环中庆祝成功的机会

制订计划

先遣队经过数月的时间，在一些流程中实践了改善套路，也就会有所斩获。这时候就需要制订一个计划，在更大的范围内培养改善套路的行为。由于还处于艰难的学习阶段，对现状的掌握也可能会有明显的改变。因此，第一份计划的时间间隔不应该超过 12 个月。我们的经验有限，手电筒的光照不了那么远。

制订这样一份计划的做法和第 8 章末尾所介绍的 A3 计划流程类似。

- 先遣队需要一位导师，在辅导循环中不断地将计划呈交给导师。由于计划的每一个部分都是建立下一部分架构的基础，因此团队在制订计划时，一次只关注一部分。在计划书确认签字之前，都可以回头去修改之前的部分。

- 这份计划最大的作用在于反复制订计划的过程，因为它迫使你去获取事实和数据，在每一个循环中都不断地更加深入思考你的工作。目的并不是制订一个计划，而是去经历这样一步一步努力制订计划的过程。

- 制订这样的计划需要时间，可能需要花费两个月的时间。在制订的过程中练习改善套路并测试你的想法，你会因此更接近真实情况。

以下是几个计划流程的重点，分别以 A3 的章节标题呈现。

主题

主题是培养经理和主管的行为——遵循改善套路的模式。不过，要确保这个主题和相关的活动都能和生产流程的持续改善挂钩，因为我们的整体目标就是通过流程改善降低成本，而并不是为了改善套路而实施改善套路。我们应该去改善流程，同时练习（学习）改善套路的模式。

如第 3 章所述，丰田的改善套路会在一个总体的方向下运行，这个方向由长远的愿景来界定。如果没有方向指引，人们一旦遇到障碍，就会朝着不同的方向散开。因此，最先应该问自己的问题之一就是："对于愿景，也就是一个长期的方向，我们是否已经达成一致。"

我曾经见到过好多团队在确定愿景的时候都陷入冗长的理论探讨，最终产生的愿景也是无用的陈述，保护了人们心目中的圣牛（不可侵犯的信念或者习俗）。确定一个简捷有效又不过于狭隘的长期愿景是有难度的，必须倾注大量的时间，不断反省，也不一定需要一个民主的程序。如果我们才刚刚开始理解改善套路的潜能，那么现在并不是争论愿景是否合适的时机。

但我们的确需要愿景。如果你是制造商，我看不出你有什么理由不在生产运营中直接引用丰田的长期愿景——最低成本的单件流。如第3章所述，这个愿景并非丰田原创，它在数百年来始终是人们追求的目标。为何不引用这个已经被广泛认同的生产愿景，然后开始行动呢？

现状

先遣队已经尝试了在组织的流程层次应用改善套路，对现状已经有了第一手的理解。总结几点学到的心得，这个总结应该至少包括：①经理和主管现在的行为；②现在是如何进行流程改善的。你也可以按照自己的意思加入一些其他因素。对现状的描述，应该有某个（些）方面是可以衡量的，如此一来，你才能判断是否在进步（稍后会有更多有关指标的讨论）。

先遣队通过扎实深入地了解现状，从中学习，然后很自然地就确定了目标状态。

目标状态

你在这里确定的是一个在未来某个时间点想要实现的状态（例如6个月或者12个月之后）。定义目标状态应该基于事实和数据，而且要具体明确、可衡量，因此需要时间反复进行。

本章的目标状态有两个方面，如下所示。

1.要和流程改善直接关联。例如：

● 要通过改善套路去改善的流程总数。

● 可以衡量的流程改善，如流程稳定性。

2.和领导人／辅导行为直接关联。例如：

● 什么样的人要达到什么样的能力水平（见图9-11）。

● 什么样的人以什么频率在多少流程上执行改善套路和辅导套路。

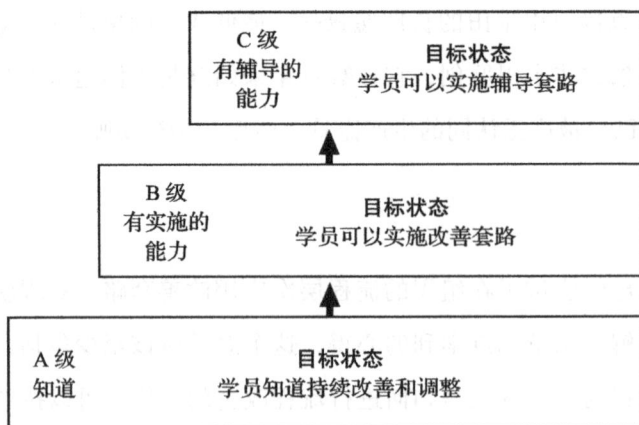

图 9-11 能力水平的示例

如何达成目标状态则是下一部分的主题。

在定义流程总数的时候需要特别注意，改善套路是一种日常管理方法，一旦在某个流程实施改善套路，便永无止境。这不同于有结束日期的改善项目或者研讨会，当你将改善套路的方法推广到其他流程的时候，流程的总数就开始累计。所以，开始的时候不要推广得太快，宁愿关注的流程过少，也不要过多。

在建立目标状态时，需要做的事情是描述想要人员达到什么能力水平。我们经常使用如图 9-11 所示的 3 个级别。

从图形的最下方开始，A 级（知道）表示这个学员对改善套路及其运作方式有基本的理解。B 级（改善套路）表示这个学员能够有效地实施改善套路。C 级（辅导套路）则表示这个学员能有效地实践改善套路和辅导套路。

从现状迈向目标状态

目标状态一旦确定，先遣队开始计划如何从现状迈向目标状态的时候，需要让下一个层级的人（学员）参与进来。先遣队不应该自己完成计划这个部分，由导师来定目标或者确定目标状态也无妨，但学员应该参与制订如何实现目标状态的计划。否则这和直接告诉人们怎么做的传统方法没有区别。

这部分的总体目标，是要人们在教练的指导下到实际的流程中反复练习，以学习改善套路的模式。就战术来看，这个部分的计划应该具体到辅导的细节：谁、什么时候、哪里以及如何练习。你需要做好时间规划，比如，以每月为单位来计划。

当我们在计划如何从现状迈向目标状态的时候，往往会将图 9-11 的能力水平和图 9-12 所示的训练活动的级别连接起来。

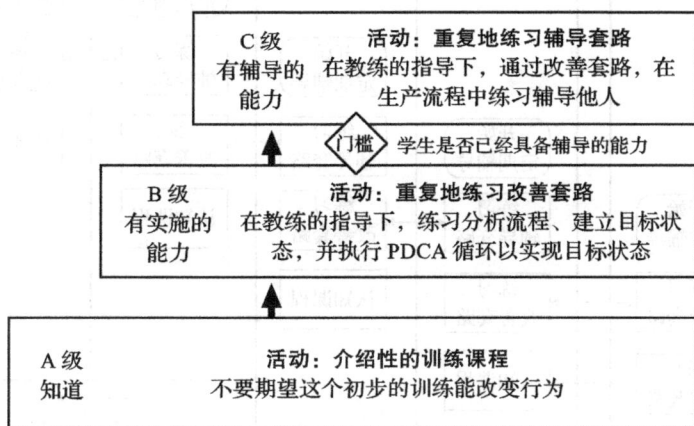

图 9-12　训练级别示例

从图的最底层开始，A 级是课堂训练加上现场演练。课程的目的是建立对改善套路的基本认识。训练的下一个层次就是练习改善套路，在图中被称为 B 级。当某个学员展现出足够的能力，能有效地实践改善套路（这是门槛）之后，便可以再往下一层级提升，在 C 级练习辅导套路。从 A 级到 C 级，不是以时间或者完成练习的次数评定，而是根据展现出来的能力评定。

在 B 级和 C 级之间的学员，无论在哪一个时间点都具备不同的技能水平。Dreyfus 技能获得模型⊖针对技能水平提出了一个有趣的观点，可供参考。

⊖　斯图尔特·德雷弗斯（Stuart Dreyfus）和休伯特·德雷弗斯（Hubert Dreyfus）提出技能获得的 5 个阶段：入门、胜任、熟练、专家、精通。

把训练活动分为 3 个层级（或者任何你想要定义的层级），作为一个基本构架，用来具体说明谁在何时，以什么方式练习什么内容。如图 9-13 所示就是一个示例。

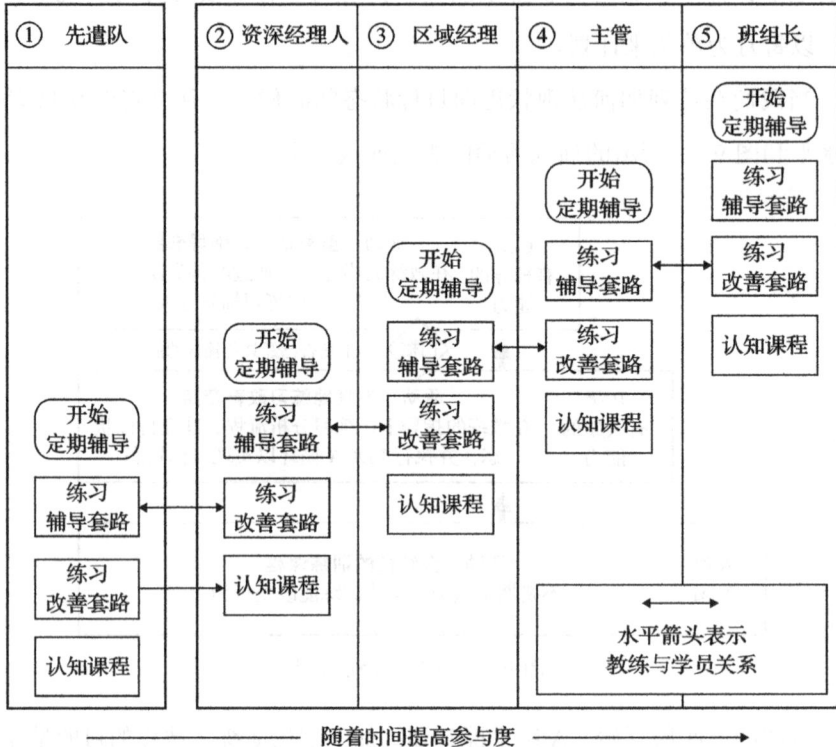

① 先遣队	② 资深经理人	③ 区域经理	④ 主管	⑤ 班组长
				开始定期辅导
				练习辅导套路
			开始定期辅导	练习改善套路
			练习辅导套路 ↔	认知课程
		开始定期辅导	练习改善套路	
		练习辅导套路 ↔	认知课程	
	开始定期辅导	练习改善套路		
	练习辅导套路 ↔	认知课程		
开始定期辅导	练习改善套路			
练习辅导套路 ↔	认知课程			
练习改善套路 →			水平箭头表示	
认知课程			教练与学员关系 ↔	

随着时间提高参与度 →

图 9-13　训练可能在组织内移动

如图 9-13 所示，你可以看见一些横向箭头。当人们的经验、能力和视野逐渐上升，有些人会去教授和指导下一层级的人。较高层级的人通过对下一层级的辅导，就能更好地判断实际情况，也能更好地评估人们的能力（详见第 8 章导师与学员制的益处）。

这个一般性的表格是用来帮助你理解以实践为本的训练是如何在组织中移动的。真实的世界当然不会如此简洁有序，而图中的描述在大多数的组织里也会耗费不止一年的时间。但是有了这个整体战术在手，你便能开发出符合自己实际情况的初步计划。

衡量指标

能够衡量进展是很重要的事情，尤其是在缺乏进展的时候，因为我们从错误中学到的最多。目前，我们会使用两类衡量指标。

1. 一类指标和辅导有关，它们可以是辅导循环的开始与结束时间、有多少流程接受辅导、谁在辅导、辅导循环发生的频率以及是否应该采取下一步（第 5 个问题）。不过，完成指定数量的辅导循环，但对生产流程却几乎没有改善，是完全可能发生的事情。这里需要记住核心的目标是流程层次的成本和品质绩效的持续改善。

2. 因此，你需要监控辅导循环和第二类指标（重点流程的改善进展）之间的关系。这类改善的衡量指标直接来自各个重点生产流程的目标状态。如前所述，如果辅导循环（第一类衡量指标）按计划实施却没有实现流程的改善（第二类指标），那么就需要详细检查辅导的方法。

同时需要确定的是如何获得这些指标的数据。越简单越好，一支笔、一张纸，在流程现场即可得。基本原则是尽可能亲自到流程现场去获得所需要的信息，而且要树立一个观念，不要让学员把指标带到办公室给导师，也可以把这个基本原则看成一种拉动系统，导师和学员到流程的现场去获取必要的事实和数据。

谈到衡量指标，很多组织在实施精益生产的时候，都会尝试用积分制或者类似的做法来驱动和评估进展。使用这类制度要特别小心，因为人们最后追逐的往往是积分而不是预计的目标状态。我不推荐这个方案。

如果和奖励挂钩的是行动完成或者实施，而不是人员能力或者目标状态的达成程度，问题就来了，虽然后者确实更难衡量。奖励应该基于学员展示的能力或者目标状态的达成程度，而不是完成了多少课程或者练习，或是导入了多少工具。

计划反省的时间

需要注意的是，当开始执行一项计划或者努力实现一个目标状态的时候，沿途会遇到各种意料之外的障碍和问题，这个时候就需要根据学到的经验进行调整。做计划的原因之一就是可以借此发现哪些事情未能按计划进行。因此，先遣队应该将反省的时间排入计划，比如每两周进行一次反省，并做出必要调整。

反省检讨就是在培养改善套路的行为时所使用的 PDCA 循环中的检查，能帮助你发现应该在哪里着力才能实现目标。可以用简单的方法进行反省，问一遍 5 个问题，在挂纸板上记录哪些事情按计划进行（+），哪些事情行不通或者没有按计划进行（–）。反省的输入可以源于更频繁的辅导循环，而辅导循环的频率也可以是一个流程的衡量指标。

我的心得是在开始任何反省之前，要首先重申主题：例如，培养组织改善套路的行为；然后重复说明"我们进行试验的原因"，以便统一大家的想法。在反省的时候大家可能会感到压力，并开始争辩他们为什么没有按计划完成。这种情况会妨碍 PDCA 的进行。一个有效的做法是提醒每一个人，试验是为了发现障碍、学到教训、了解必须在什么地方更加努力才能达成目标状态。你并不是在针对个人进行检查评估。反省能否顺利进行，取决于是否能做到对事不对人，对话是否基于事实和数据。

还有一个重点需要说明。我们都知道改善套路是个有效的科学方法。如果流程改善的结果没有达到预期，那么错不在改善套路本身，而是我们的辅导方式不正确。重复练习改善套路，一定会有成果。如果没有，那么就是我们辅导的方法在哪里错了。

共同的障碍

我们的试验遇到过很多障碍，也有不少灵光一闪的时刻，也曾经多次调整线路。尝试列举一些共同的障碍，你肯定还会发现更多。

- 人们很难拒绝行动清单。
- 资深领导人很难真的接受 5 个问题。
- 我们喜欢执行多过检查和调整。
- 我们会忽略详细地观察和分析，直接跳到解决方案。
- 人们不能理解丰田的辅导风格。导师和学员双方都误以为学员需要揣测导师心中的解决方案。
- 实现目标状态的路径不明确，很多人对此感到不自在。大家喜欢有明确的计划，但是事实上也是一种预测。
- 反复（重复做）让人感到不舒服。当人们被要求再去观察一次或者重复某个步骤，尽管这对于深入的学习和观察而言至关重要，但他们还是会感觉是不是做错事了。
- 许多人不认为这是在开发一种新的管理方法，而认定是另外一个项目。开始的时候，这项工作看起来就像是在平时的管理工作上额外增加的工作，而不是用不同的方法进行日常管理。
- 开始的时候，辅导循环往往耗费了大量时间，从而成为一种累赘。目标状态一旦建立，辅导循环常常可以在 15 分钟内解决。如之前讨论的，与其列出一系列步骤，不如只采取一步，然后看它会把你带向何处。站在流程现场进行辅导循环（目标状态的信息和流程的数据应该就在现场），但不要陷入无止境的讨论。过一遍 5 个问题，找到下一步，辅导循环就结束了。尽快开始下一步。

终生实践

本章讨论的是培养能力和行为模式，在丰田眼里，这才是组织优势所在。在套路的训练中，就是在追求精通和尽善尽美。即便是丰田最优秀的工程师、主管、经理和高层管理人员，也会说他们也还在朝着这个目标努力。运动的类比在这里再合适不过了。就算是名列前茅的学员和资深领导人，都和新手一样需要在教练的指导下，持续不断地练习套路。流程和产品的改善和进化是永无止境的，也让我们有机会在处理实际问题、朝着目标状态迈进的同时，磨炼我们的技艺。在这个时候，我们应该听取教练或者其他人的声音，认识到我们的不良习惯。

这其中的奥妙之处，在于你在练习的同时也是在做实际的事情，你现有的能力自始至终都能发挥到极限。这是一种有趣的方法，可以管理持续改善和调整，也是一个十分迷人的组织管理方法。

结　论

我们敬佩丰田的能力，在不同的环境，面对不断变化又极具挑战的情势，仍然能够保持欣欣向荣的能力。组织的兴衰和起伏不一定是问题。经济学家约瑟夫·熊彼特（Joseph Schumpeter）将此视为创造性破坏[⊖]的过程，并认为地球上最为活跃的经济体，其朝气和活力都源于这一过程。

在 20 世纪 80 年代后期，我开始研究制造商如何维持和重拾竞争力。一位信奉佛教的同事提出一个令我惊讶的观点。他指出我进行研究，并想办法帮助制造商的行为，很可能是在干扰物竞天择的法则。以人为的力量延续一个不能存续的组织，长期来看，这可能会带来更多的磨难。

抛开熊彼特和我那位信奉佛教的同事不谈，我发现自己确实关心组织的生存，包括你的组织。这并不是因为我畏惧改变或者对组织有特殊的偏好，而是因为一个组织遭遇突如其来的衰败或者崩塌，让我想到我们人类为何不能及时察觉正在发生的事情，做出适当的回应，并从容地随之调整。我并不是在哀叹一个组织的陨落，而是对人类无法让持续自我调整的能力发挥到极致而感到遗憾。事实上，如果我们能充分运用自我调整的能力，

⊖　创造性破坏的英文原文为 creative destruction。熊彼特在 1912 年出版的《经济发展理论》一书中指出，企业家就是"经济发展的带头人"，也是能够"实现生产要素的重新组合"的创新者。他将企业家视为创新的主体，其作用在于创造性地破坏市场的均衡（他称之为"创造性破坏"）。他认为，动态失衡是健康经济的"常态"（而非古典经济学家所主张的均衡和资源的最佳配置），而企业家正是这一创新过程的组织者和始作俑者。通过创造性地打破市场均衡，才会出现企业家获取超额利润的机会。——译者注

那么组织在面对诸多变化时就能够持续地不断修正和改善自身，及其产品和服务。

商业企业很成功地将重心从服务顾客和社会转移到盈利、力图保持现状或者追求股东价值最大化上来。结果就是，通过流程、产品和服务的持续改善和进化所带来的进步就不会发生在这些组织上。相对而言，丰田的改善套路能够帮助一家组织将注意力放在必须要做的事情上，通过持续改善和进化，为顾客和社会提供价值。

财务目标和结果固然重要，但组织要想成为"百年老店"，"我们要如何才能实现财务成果"这个问题应该被"我们必须做些什么，才能让我们的流程、产品或服务满足顾客需要"所取代。

这两个问题之间有很多资源和创造力，掌握了套路的组织可以在此孕育和发挥那些能力。

如果我们能够知道而且精通穿越灰色地带的方法，那么在努力的过程中，就不需要畏惧沿路遇到的挑战、变化和未知。如果抱着肯定会出错的确定感，对现实错误的判断会让我们陷入麻烦。与其这样，不如去学习一套处理不确定性的方法。这也是我坚持研究丰田，在取得进展，研究的发现越来越清楚的时候决定撰写本书的缘故。我希望丰田能永续经营，这样我们许多人在商业、教育、政治以及日常生活上，就能像这家独特的公司学习如何善用人类的能力。基业长青既是丰田组织的根本目的，于我而言，更是一个善用人类潜能的象征。

我在六年前开始这项研究（最后形成本书）的时候，和其他人一样，谈的是丰田的技术和其他一些方面。如今，我看待丰田的角度完全不同：这是一家把独特的行为模式坚持不懈地传授给组织成员的组织。丰田将改善套路应用在日常工作的做法，受制于书籍的编排格式，对改善套路的某些描述无可避免地过于死板。所幸的是，即便如此，所呈现出来的改善套路在实际中也已经能有效运用。

在进行标杆学习的时候，大多数人看不到丰田的改善套路和辅导套路，然而，在丰田达成有挑战性的目标，并持续改善和调整的能力中，这两种套路或许才是主角。现在我已经大量地将这些套路用在工作中，它们帮助我走过前方未知的道路，达成目标状态（见图 C-1）。套路在这个过程中所展现出来的作用让我为之倾倒。当你拉开帷幕想要一睹丰田自我管理的方法时，你会明白，丰田不仅实现了商业成就，更获得了一种智慧。

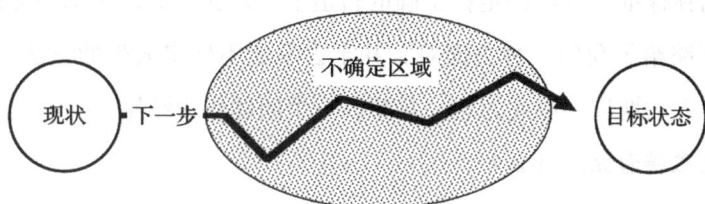

图 C-1　超越我们的眼界

当商界领导人了解到丰田的改善套路和辅导套路时，他们的反应是出人意料地一片叫好，仿佛这是一个我们期盼已久的宝藏。即便有人提出质疑，也是围绕在以下两个方面：按部就班的改善套路和辅导套路似乎速度很慢，或是认为培养这样的行为模式需要耗费很长时间。

从第一个意见来看，丰田的方法看起来确实很慢，但就总体而言，它所产生的持续改善和调整，其实比我们现在的间歇性的做法更快、更有效。这或许就是龟兔赛跑的一个案例。

第二个意见的话，如果和一个应急的方案比，在组织上下培养新的行为模式要投入更为广泛和艰苦的努力，当然也会花费更长的时间。但应急的方案无法触及根本的管理系统，而且结论已经很清楚，我们目前主流的管理系统需要有所改变。

如果组织能有一种系统化的方法——也就是一个“套路”，实现自我调整，便能保持健康和强壮。本书并不是要谈丰田的所有事情，而是要提供给你足够的信息和细节，使你能够开始通过试验和练习，如丰田一样开发出自己的持续改善系统。你甚至可以将你的组织视为人类历史的一个环节，通过你的努力，让持续改善和调整发挥作用。因为每朝着这个方向前进一步，受益的不仅是你的公司，由于我们的潜能被激发，我们的社会也因此向前迈进一大步。

在组织内培养改善套路的行为的道路是否模糊不清？你是否不确定必须做什么才能成功地推动文化的变革？是的，世界就是这样，你也不例外。我可以向你保证，你已经走在正确的轨道上了。我们无法预知前方的道路，但改善套路给了我们一种去面对，甚至去享受不确定人生的方法。后者是我对所有人的期许，以此为念，我要以一个问题作为结尾：

你的改善套路是什么？

改善套路要从哪里开始

理想上，每一个生产流程都会有一个目标状态。这样，领导者就可以每天都走一遍各个流程，通过观察，问 5 个问题来检查和辅导改善活动。的确，工厂里的每一个流程都应该有一个标准（努力实现的状态），但是，一开始就在很多流程同时导入改善套路会让人措手不及，也不可行。

从价值流环的什么地方开始呢？一个普遍的答案就是从价值流中具有最大改善潜力的地方开始。在图 A1-1 中所示的价值流简图中，很明显就是冲压环（有 8 天的生产前置时间），它比生产前置时间只有 0.5 天的装配环有更大的潜在改善机会。我们很多人会顺理成章地从冲压环开始。

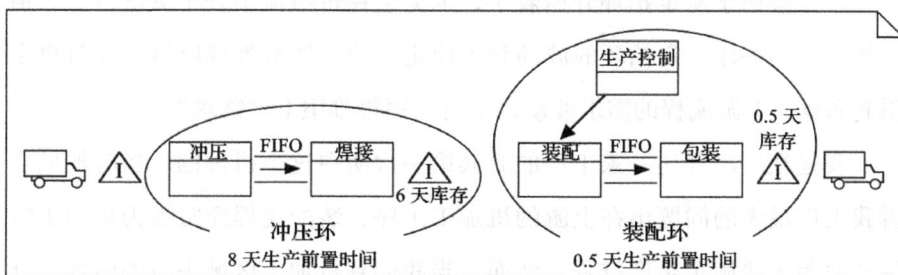

图 A1-1　有两个价值流环的价值流

在本书的研究中，其中有一部分是研究丰田如何跟供应商一起工作的。我观察到一件事情，当丰田负责供应商发展的员工为了有一个总体的了解，会花一些时间走一遍整个价值流，然后会把重点放在价值流的装配环上，虽然这个环的生产前置时间比其他上游工序都短。在图A1-1所示的价值流中，丰田很可能会从装配环开始做起。原因何在？

根据丰田的思考方式，最开始在价值流中建立目标状态并全力以赴的地方是"定拍工序"，而不是上游的加工流程。价值流中的定拍工序或者定拍环，通常是一个产品系列的价值流中最后的一环，下一步就是交付给外部的顾客。因此，外部顾客的节拍时间也就应用于此。这个流程通常也是装配流程，和生产排程直接相关（见图A1-2）。

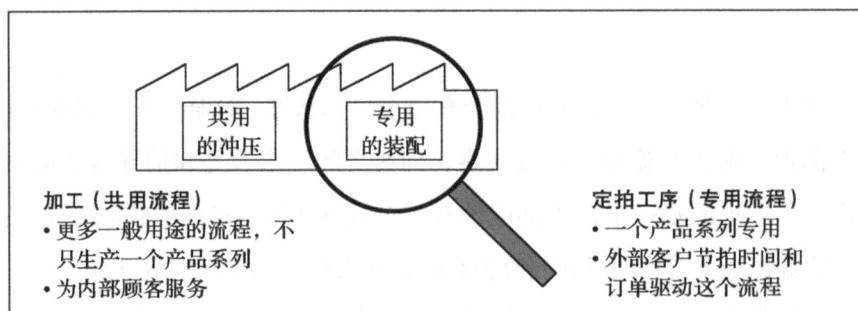

图A1-2 定拍工序和加工流程

需要注意的是，虽然定拍工序和瓶颈工序很多时候碰巧会是同一个流程，但它们有所不同。

丰田倾向于从定拍环开始着手，因为它在价值流中处于关键位置，值得给予特别关注。定拍环的波动和不稳定很快会影响外部顾客，同时也会引起和放大上游流程的需求波动，上游工序很难跟上"需求"。

我是在一次拜访一家工厂的时候第一次明白这个机理的。当时他们告诉我工厂最大的问题出在上游的机加工工序，装配流程经常因为机加工零件的原因无法满足生产排程。然而，当我们到机加工区域去看的时候，计算结果显示该区域有富余的产能。机加工主管解释说:"没错,我们这里是有足够的产能,可是装配不断地改变计划,谁能跟得上。"我们便回到装配区(定拍环),从那里开始详细地观察。

价值流的上游工序中,有许多问题源于定拍环的运作不良。如果定拍工序的运作不稳定或者不平均,便很难辨识问题到底出在那里,这样问题解决和改善就更加困难。丰田的策略是:先致力于建立一个稳定而均衡的定拍工序,然后再看上游工序还存在什么问题,并根据需要在上游工序实施改善。

有时候也会发生这样的情况,上游工序的问题已经造成停产,已经没有办法从定拍环开始。这时,丰田通常的做法是:快速解决上游的问题(最多花费几个星期的时间),也可以采取临时性的遏制措施(比如增加库存)。然后回头将重心转移到定拍工序上。

如果想要在组织内实现从一开始就把关注点放在定拍工序,需要一些练习和额外的努力。我认识一家公司的生产副总裁,他会定期巡视工厂,这也是通常的做法。尽管副总裁已经指示厂长要把现场观察的重点放在定拍工序上,但他还是一直想带副总裁走遍整个工厂,来展示"我们做的所有改善。"换句话说,就是展示在工厂各个地方乱枪打鸟的"改善成果"。这位副总裁为了改变这个习惯,让人们更加聚焦,说:"很快我会再来工厂,我会先去看定拍工序,然后在那里问你那 5 个问题。"

当你持续地把重心放在定拍工序,不断地实现一个又一个目标状态,你会逐渐地在定拍工序的上下游流程或者组织的其他地方发现障碍的根源。只要其他流程和区域的状态变成障碍,阻碍你实现定拍工序的下一个目标状态,你就可以把改善工作转移到此处(见图 A1-3)。跟着问题走,是一种在价值流中展开改善的巧妙做法。因为如此一来,你便能总是在必要之处着力,从而将个别的改善努力结合在一起。最后,所有的流程改善都会朝着目标状态前进,而且会保持在一种相互连接、彼此协调的步调上。当你转移到其他流程，价值流图可以帮助你理解和计划如何将这个流程和下一个流程连接起来。

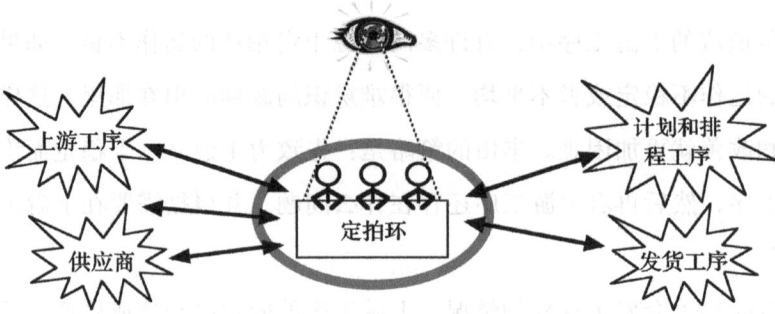

图 A1-3　转移到价值流中其他有必要的区域

流 程 分 析

本附录的目的是展示一个分析生产流程的步骤，以帮助你获得需要的事实和数据，定义出适当的流程目标状态。

我曾经把这套流程分析用在各种生产流程上，有的流程自动化程度会高一些，有的则低一些。为了让这个分析方法能够适合特定的流程特征，在某些情况下免不了要做些调整，但是所呈现的基本概念通常都是一样的。

流程分析不是用来发现问题或者潜在的改善机会的，而是为了掌握流程的现状（见图 A2-1），获得必要的事实和数据，以建立下一个合适的流程目标状态。这点很重要，这时不是在寻找浪费。遵循流程分析的步骤，能迫使你深入流程内部，观察其中的细节，然后才能确定流程应该如何运作。有了目标状态，你就可以努力朝它迈进，提出 5 个问题，找到需要着力的地方。

流程分析和建立目标状态需要时间，一旦建立目标状态。就可以开始简短而频繁的辅导循环。尝试着练习这个流程分析的步骤，建立一个目标状态，并应用改善套路的其他部分。你在了解这套流程分析背后的思维模式之后，便能熟练地调整，以更适合你的实际情况。

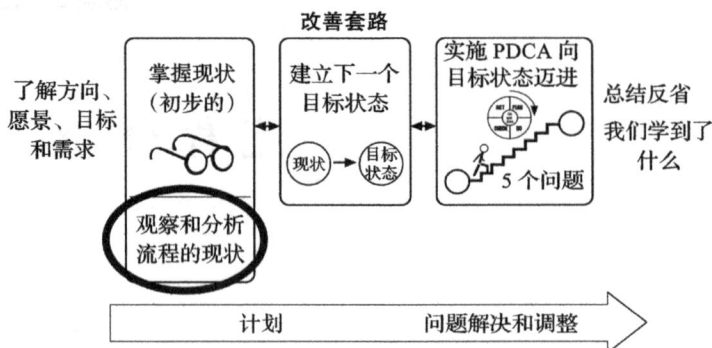

图 A2-1　流程分析帮助你掌握现状

从价值流开始

改善发生在流程层次，但是在进行流程分析和建立目标状态之前，至少要做一次价值流扫描。这样的扫描能帮助你了解物料从进门到出货的整个流程，确定价值流的区段或者"环"。[⊖]

这样的扫描通常不会花费太多时间，一般来说在一天之内。千万不要试图获得所有细节，只需要通过以下的要点对价值流取得一个基本的概览即可。当你对定拍工序有更深入的理解之后，便可以在稍后把细节加在这张价值流图上。

价值流扫描的要点

1. 选择哪个价值流（产品系列）？

2. 其中有哪些加工步骤（见图 A2-2）？

⊖　有关价值流图的更多信息，参见迈克·鲁斯和约翰·舒克的《学习观察》。

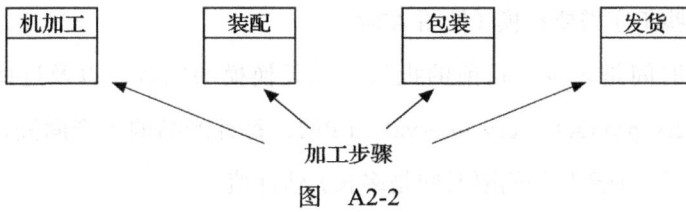

图 A2-2

3. 这是个专用的流程（D）还是一般通用的流程（S）（见图 A2-3）？

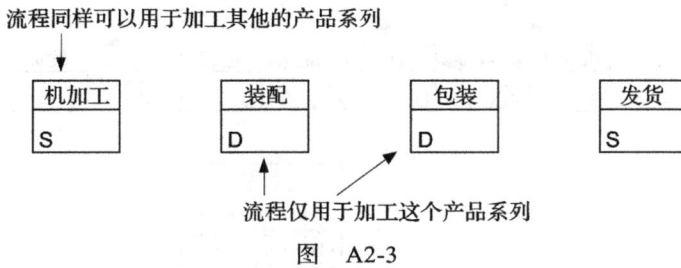

流程同样可以用于加工其他的产品系列

流程仅用于加工这个产品系列

图 A2-3

4. 在这个价值流中哪些地方有库存（见图 A2-4）？

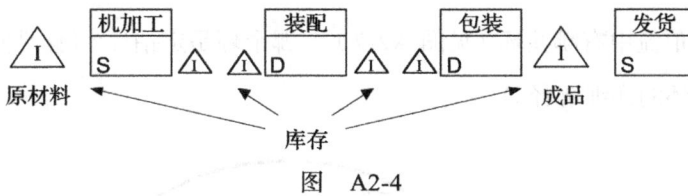

图 A2-4

5. 每一个工序如何知道要生产什么（见图 A2-5）？

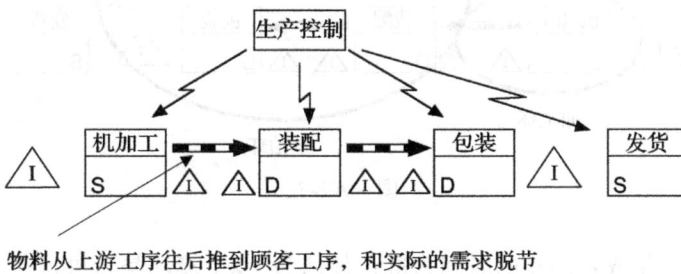

物料从上游工序往后推到顾客工序，和实际的需求脱节

图 A2-5

6.哪些工序需要换模（见图 A2-6）？

换模时间是多少？目前的批量、每天换模的次数，以及这些流程的 EPEI（every product every interval，EPEI，每种产品的生产间隔，指一个流程生产同一种产品的间隔时间是多长）估计值。

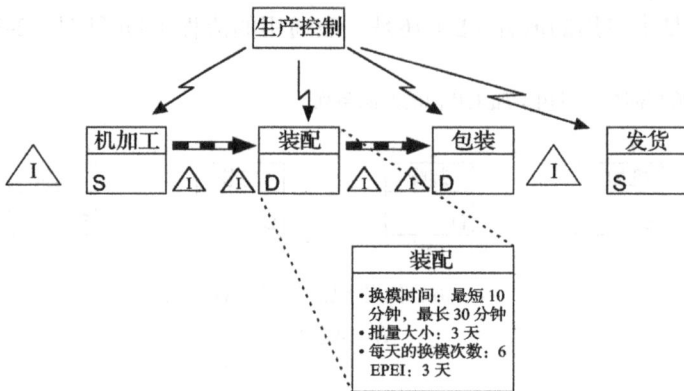

图　A2-6

7.价值流中有哪些环（见图 A2-7）？哪个环是定拍环？（详见附录 1 有关于定拍环的详细解释。）

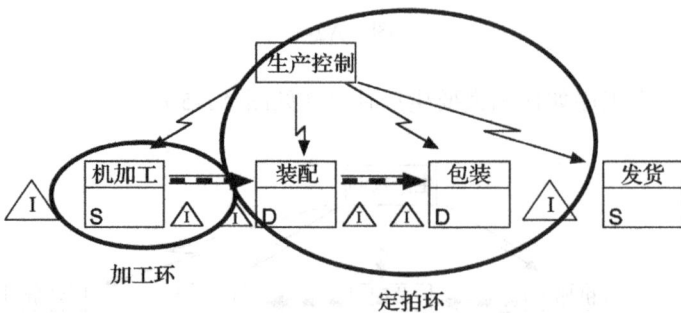

图　A2-7

8.以一年或者两年的时间为准：你认为 1×1 流动是否可行？你认为是否应该替换成拉动式或者先进先出的系统？

现在把重心放在价值流的其中一个流程

现在需要从价值流的层次下降到流程的层次，进行流程分析。从定拍工序开始，把重心放在上面，这意味着你要分析的是装配或类似的流程（见图 A2-8）。

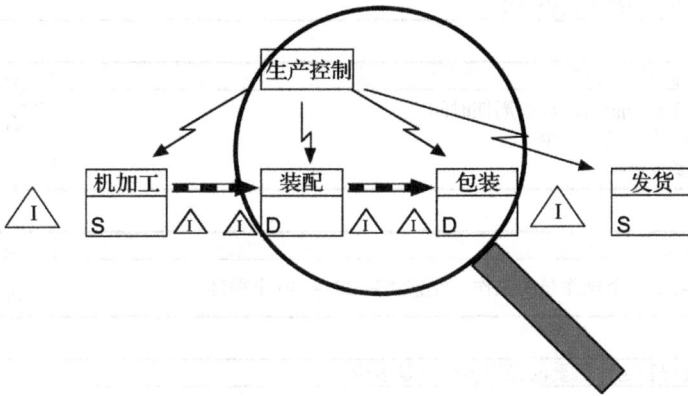

图　A2-8

这些步骤的顺序是有道理的，但很快你的工作就会变得不断重复。你在进行分析的时候，往往必须根据前进时所学到的心得，回过头去重新检查或者计算前一个步骤（见图 A2-9）。这是正常现象，因为你正在设法深入了解现状。

在进行流程分析时，唯一需要配备的是：

- 一个可以精确到秒的秒表；
- 绘图纸；
- 铅笔；
- 橡皮；
- 计算器。

同时，不要忘记生产现场的礼貌：

评估顾客需求，确定生产线的节拍
·节拍时间
·计划周期时间

流程的第一印象
·通过绘制方块图了解流程
·这是 1×1 流动吗
·从一个循环到另一个循环，每一个操作员的工作步骤都一样吗
·生产线的产出是否稳定

机器产能是否足够	☹ ☺
·设备是否能满足计划周期时间	否　是
·现在的产能是多少	
·有多少班次	

流程稳定吗	☹ ☺
·针对每一个操作员的工作，完整测量 20 ~ 40 个循环	否　是

如果流程稳定，需要的操作员数量是多少
·计算操作员的数量

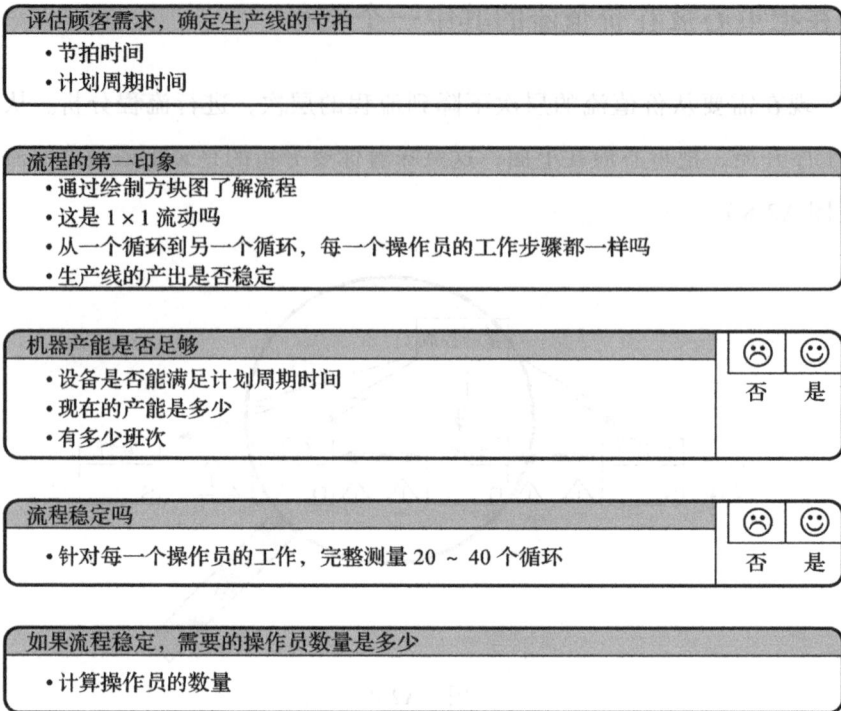

图 A2-9　流程分析步骤

- 首先由班组长或者主管带到生产现场，接着自我介绍，解释你在做什么。记住，不要打断操作员的工作。

- 解释你要持续观察的是工作而不是操作员。（你这样说的时候，人们不会相信。可是只要你心里抱着这个想法，他们最终会相信的。）

- 将你的笔记给大家看。

- 离开前记得要道谢。

- 在生产现场的时候，不要把手插在口袋里。大家都在努力工作，把手插在口袋里会显得太悠闲。最好传递出"我们都是在为顾客而努力"的信息。

评估顾客需求，确定生产线的节拍

有两个数字你应该知道（见图 A2-10）。

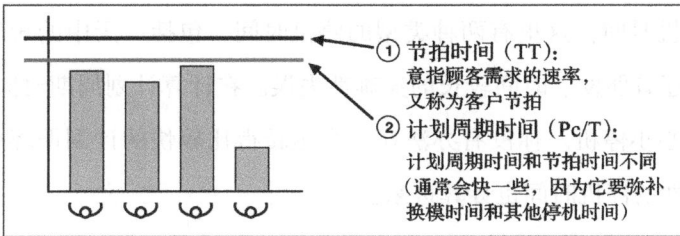

图 A2-10　节拍时间和计划周期时间

节拍时间（TT）：这是顾客对某个产品系列的产品的需求速度。计算方式是用有效工作时间除以顾客在那个作业时间段内的需求数量。图 A2-11 列出了计算公式。有效工作时间是指可用工作时间扣除计划停机时间，如午餐、休息、小组会议、清洁清扫和计划性维护等。不在计划内的停机时间没有扣除，因为这些都是我们想要降低的变量。

示例如图 A2-12 所示：

$$节拍时间 = \frac{每班次或者每天的有效工作时间}{每班次或者每天的顾客平均需求量}$$

图 A2-11　节拍时间计算

$$\frac{26\,100\ 秒可用时间}{需求量\ 450\ 件} = 58\ 秒的节拍时间$$

图 A2-12　节拍时间计算示例

举例说明：目前顾客平均每 58 秒会购买一件产品。（当然，顾客需求的速率会随时间而改变。例如丰田会每隔 30 天重新计算一次节拍时间，而且每 10 天就会回顾一次。）

计划周期时间（Pc/T）：当你计算节拍时间，接着从工作时间中把换模时间扣除，也许还要扣除其他的损失时间，例如不在计划内的停机时间、报废及返工，便能计算计划周期时间。这就是生产线的实际运行速度。

1.换模时间：在第一次计算计划周期时间的时候，可以简单地利用目前每天的换模次数与换模时间即可。你也可以用其他的换模模式和换模时间来计算，寻找各种不同的计划方案。

2.停机时间：这里有两种类型的停机时间，包括一天中的短暂停机时间汇总，还有偶发、时间较长的灾难性失误。在计算计划周期时间的时候，我们只关心小停机。你没有办法在一个运转得比较快的计划循环中，把偶发的灾难性的停机时间也计算进来。

丰田在计算计划周期时间的时候，会扣除换模时间，但不会扣除不在计划内的停机时间。这是因为丰田的工厂会在每个班次之后预留一段时间差，用来弥补在班次进行中的小停机。如果你现在没有采取这种做法，那么可以在计算计划周期时间的时候，把一些不在计划内的停机时间也扣除掉。

还有一个方法是致力于让计划周期时间只比节拍时间快 15% ~ 20%。规定换模时间和其他的损失时间被控制在 15% ~ 20%。

图 A2-13 所示的 L 型山积图所做的产能分析，对计算计划周期时间来说是一个非常有用的工具，应该要熟练掌握。

- 在山积图中单独列出每种类型的损失时间，而不是合并成设备综合效率（OEE），这样你才能更清楚问题所在。
- 从一天的时间间隔开始，计算计划周期时间。
- 如果你要追求的是计划周期时间，那就往下计算。如果计划周期时间被固定住了，比如机器周期无法更改，那么就往上计算。
- 使用最佳的换模顺序，让总换模时间损失降到最低。
- 始终把换模时间放在山积图的最上方。

图 A2-13 是一个使用产能分析决定计划周期时间的示例。

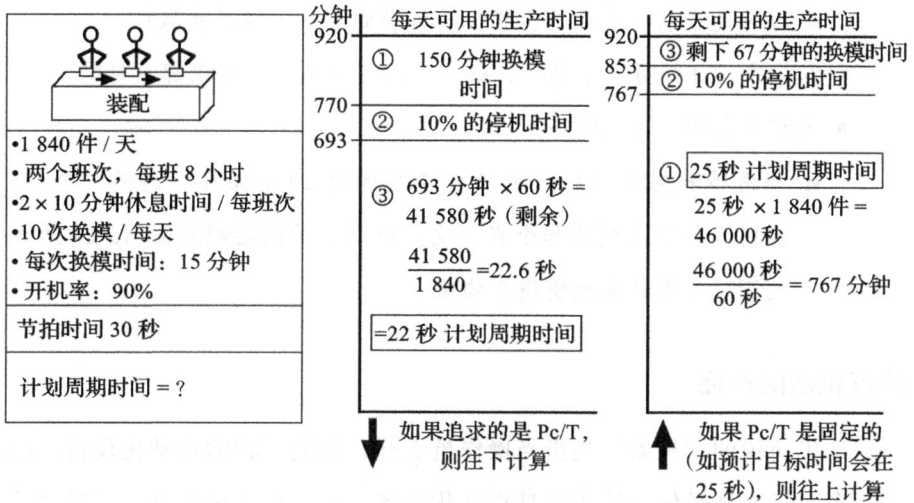

图 A2-13　产能分析

流程的第一印象

你看到什么？

● 通过绘制方块图去了解流程。以直线排列的方式草绘出流程的工作步骤。不用按照比例或者担心生产线的形状和布局，只要如图 A2-14 所示让每一块方块的大小相同即可。每一个方块等于一个工作站或者一台机器。当你越来越深入流程内部，这个草图会变得很乱，但并无大碍。

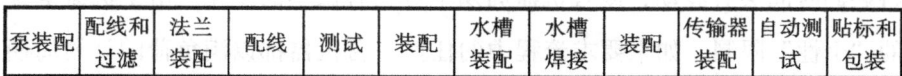

泵装配	配线和过滤	法兰装配	配线	测试	装配	水槽装配	水槽焊接	装配	传输器装配	自动测试	贴标和包装

图 A2-14　流程的方块图草图

现在，观察流程并试着回答以下三个问题。写下你的观察结果，可以提问，但不要进行访谈，学着自己去观察和理解。

● 这个是 1×1 流动的流程吗？

- ■ 零件是否从一个增值步骤直接移动到下一个增值步骤？
- ● 从一个循环到另一个循环，每一个操作员的工作步骤都一样吗？
- ● 流程终点的产出稳定吗？
  - ■ 利用秒表对流程终点的产出连续测时20个循环。选择一个点，测时零件多久到达那个点一次。把每个时间绘制成图A2-24所示的图。不要计算或使用平均值。

检查机器的产能

这里所说的"机器"是指当操作员走开，仍能运转的自动化设备。例如一套由操作员操作的钻床不是自动化设备，而一台由操作员上下料之后就可以自动钻孔的钻床就是自动化设备。

在这个流程分析的步骤中，我们要设法回答的问题是：

1. 流程中的自动化设备是否能满足计划周期时间？

2. 这个自动化设备目前能实现的最快计划周期时间是多少（这就是目前的流程产能）？

理论上，一台自动化设备的周期时间必须刚好等于或者快于计划周期时间。举例来说，如果流程的计划周期时间是20秒，那么自动化机器就必须在20秒之内跑完整个循环。不过这个说法不太准确。

每一台机器的周期时间都会有某种程度的小波动。有时候机器的上下料装卸时间会有波动，或者机器周期本身会有微小的变化。由于机器本身的"个性"限制，如果要求流程中的任何一台机器都以满负荷的计划周期时间完成每个循环，那么将无法支持一个紧密结合的1×1流动的流程。在1×1的流程中，如果某台机器超过计划周期时间，这个波动会向上下游传导，致使1×1流程中断。

基于这个原因，自动化机器应该至少比计划周期时间稍微快一点，一个指导原则（就只是原则而已）是在1×1的流程中，任何自动化设备的周期时间不应该超过计划周期时间的 90%。这个指导原则仅限于机器,不适用于操作员。理想上,操作员的工作应该满负荷。换个角度来看,一条生产线要能持续实现 1×1 流动,计划周期时间的极限就如图 A2-15 所示:

$$\frac{\text{最长的机器周期时间}}{0.9}$$

图 A2-15　目前 1×1 流程的极限

产能不足会导致生产的中断,这也是为什么在图 A2-9 的步骤中要有笑脸和哭脸的选项。如果机器产能不足,需要在继续改善之前先处理这个问题。因为在这种情况下任何改善都无法扎根。我们必须让生产现场的流程能支持计划周期时间。

要检查机器产能,需要绘制如图 A2-16 ~ 图 A2-19 所示的机器产能图。

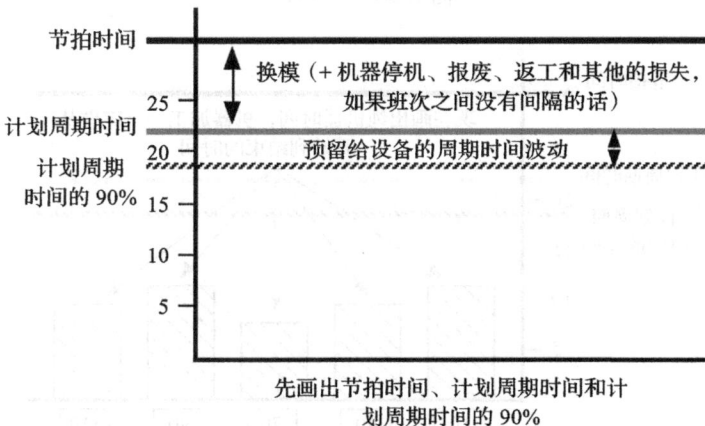

先画出节拍时间、计划周期时间和计划周期时间的 90%

图 A2-16　步骤一

机器产能图说明:机器产能图第一个要告诉你的事情是,目前你是否有设备不能满足计划周期时间。就如在图 A2-20 中所看到的,机器 90 秒的周期时间比计划周期时间更长。在继续下去之前,这个情况必须加以处理。

要想排除这个障碍，有以下三种类型的措施可供选择，第一种比第二种好，依此类推。

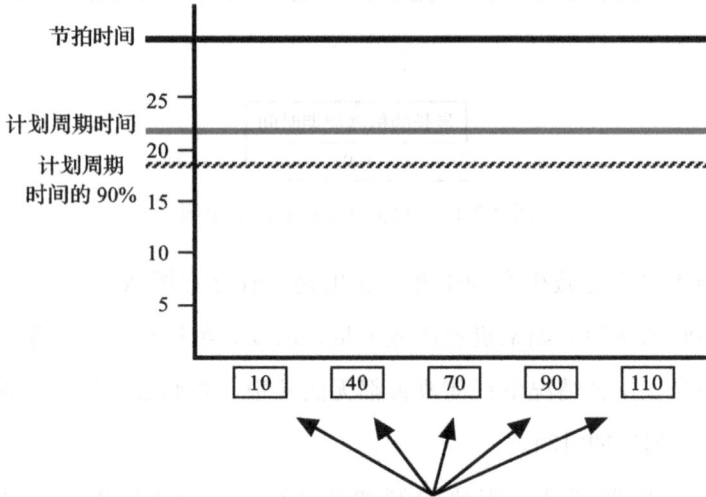

节拍时间

计划周期时间

计划周期
时间的90%

| 10 | 40 | 70 | 90 | 110 |

然后列出流程中的自动化机器（机器的循环
中不需要操作员的机器）

图 A2-17　步骤二

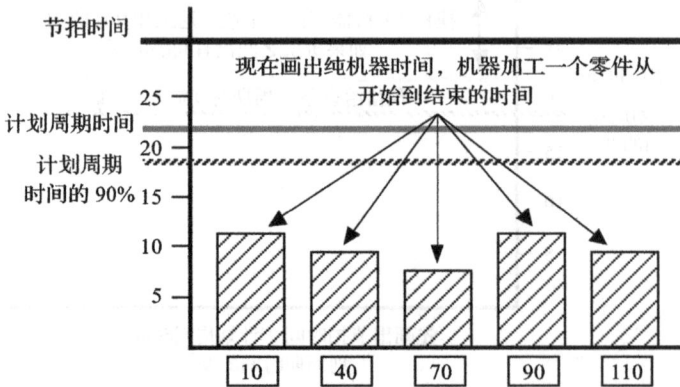

节拍时间

现在画出纯机器时间，机器加工一个零件从
开始到结束的时间

计划周期时间

计划周期
时间的90%

| 10 | 40 | 70 | 90 | 110 |

纯机器时间指的是机器自动循环从开始到结束
的周期时间。只需要测时几个循环即可获得这
个时间，因为机器的周期时间通常相对稳定

图 A2-18　步骤三

类型一：真正的改善。 在采取后面的步骤之前，先努力实现改善。

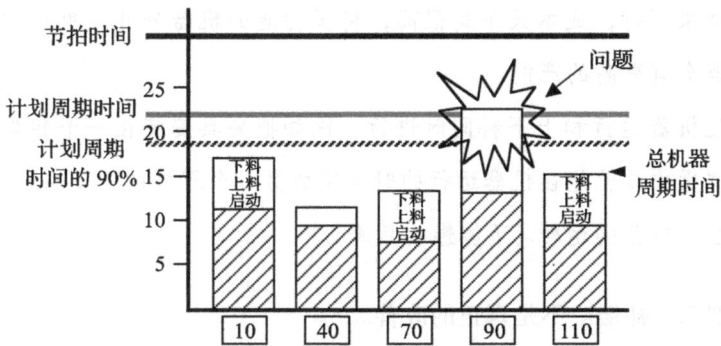

图 A2-19　步骤四

最后，将上下料时间加到机器时间上，因为上料和下料的时候，机器需要等待。

纯机器时间的总和 + 上下料时间 = 总机器周期时间（total machine cycle time，TMc/T）。

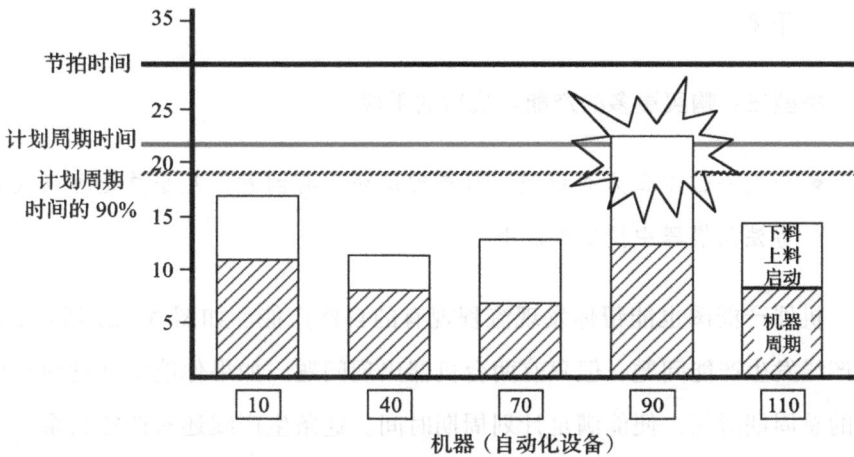

图 A2-20　机器产能图示例

- 缩短上下料的时间。

- 缩短节拍时间和计划周期时间之间的差距，让计划周期时间慢一些。

- 找出机器的潜在产能。例如减少机器空转的时间，机器的循环周期中有多少时间确实用在加工上？

- 如果可行，成本又不是很高，将多功能的机器分开，单一功能的机器会有更高的产能。
- 让机器运行和上下料同时进行。比如把夹具安装在一个转盘上，这样操作员就能在机器运行的时候完成另一个零件的上下料。
- 加快机器的运转（不能影响品质）。

类型二：补偿。不是真正的改善。

- 在机器的上下游工序增加少量的在制品标准库存，将机器的"个性"和 1×1 流动的其他部分隔离开。这个做法只会在机器周期时间等于或者低于计划周期时间的时候有效。
- 将工作转移到其他流程，使这个流程的节拍时间和计划周期时间慢下来。

类型三：购买更多的产能。最后的手段。

- 曾有一位丰田人告诉我：只要够聪明、有创意，几乎总是可以找到办法从机器中挖出产能来。

机器产能图也能帮你发现流程现有的自然产能。如图 A2-21 所示，A 生产线发生产能问题，但只有两台机器出现问题。如果你能降低这两台机器的总周期时间，便能满足计划周期时间。这条生产线还有产能富余，如果再有一些创造性，也许还能生产更多的产品。

在图 A2-22 所示的 B 生产线，目前也有两台机器无法满足计划周期时间。但其他机器差不多都已经接近产能的极限。这条生产线当然还是可以释放更多产能，只是增加这条生产线的产能会牵涉几乎所有的机器。B 生产线已经接近它的自然产能极限了。

多少班次？ 在检查机器产能的同时，也应该考虑班次的数量。最一目了然的方式是准备一张如图 A2-23 所示的表格。

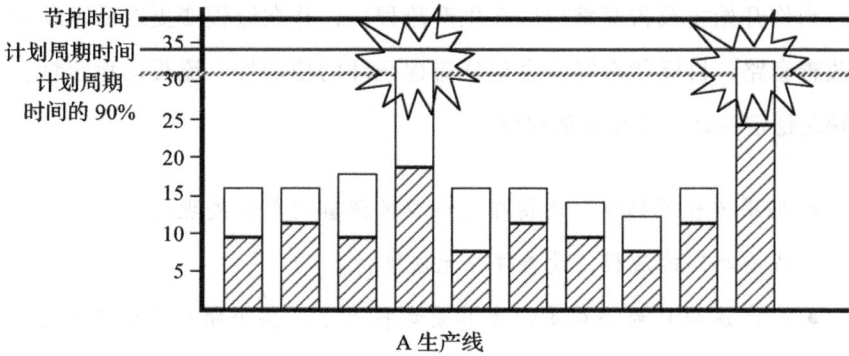

图 A2-21　A 生产线还没有到达自然产能的极限

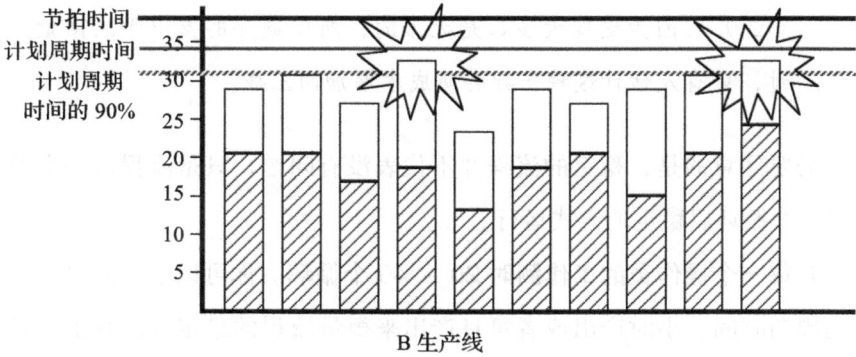

图 A2-22　B 生产线已经接近自然产能极限

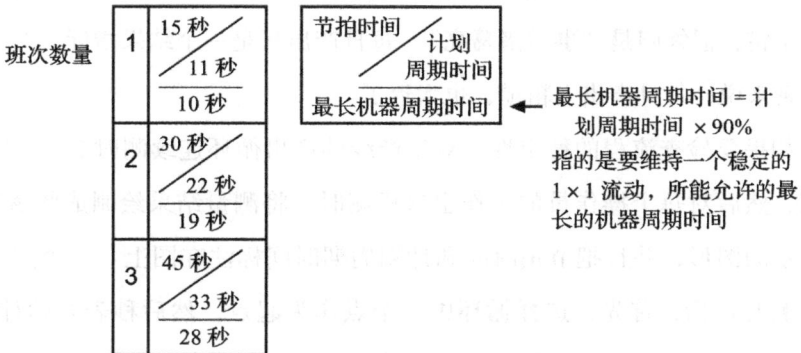

图 A2-23　班次数量的选择

流程稳定吗

当你开始将改善套路应用在生产流程中，并在流程变更之后不断地应用改善套路，目标状态经常会包括流程循环的稳定性。流程的稳定性，或者缺乏稳定性是一个重要的议题。

● 如果流程不稳定，你得在尝试其他改善之前先处理这个问题，因为没有稳定的流程，改善往往无法维持。

● 生产流程只要不稳定，尤其是定拍工序，整个组织（生产现场、行政、计划、后勤、销售和售后服务等）都会受到波动、变异和外部情势的影响。因为生产变异所产生的额外工作和成本，被称作隐形工厂。因为这些大多数是无形的，所以额外的支出无法衡量。不过，曾有人估计这种变异会使成本增加两三成。

需要注意的是，稳定的流程并不代表没有问题，只是流程从一个循环到另一个循环以稳定的方式运行。

对每一个操作员的工作测时 20 ~ 40 个循环。你可以通过测量每个循环的周期时间、小时产出或者每日产出来衡量流程的稳定性。其中最具启发性的方式是对每个循环周期（从一个零件到下一个零件）进行测时，这是一个可以揭示流程细节的过程指标（如图 A2-24 所示）。小时产出的波动也还不错，但终归是"事后诸葛亮"。每日产出只是一个结果指标，对于流程改善来说，每日产出太粗糙，也太迟了。

如果要检查流程的稳定性，对生产线的产出循环连续测时 20 ~ 40 个周期，然后对每个操作员的工作也这样测时。将测量结果绘制成图 A2-24 中所示的图形，并且把节拍时间和计划周期时间标注在图上。一个完整的循环测时包括：首先，选择循环中一个点作为起点，然后秒表开始计时，直到操作员再回到这个点停止计时。尽可能将工作周期时间和等待时间区分开，然后将工作周期时间画上去。最后一点，不要使用平均值，因为均值会掩盖不稳定性。

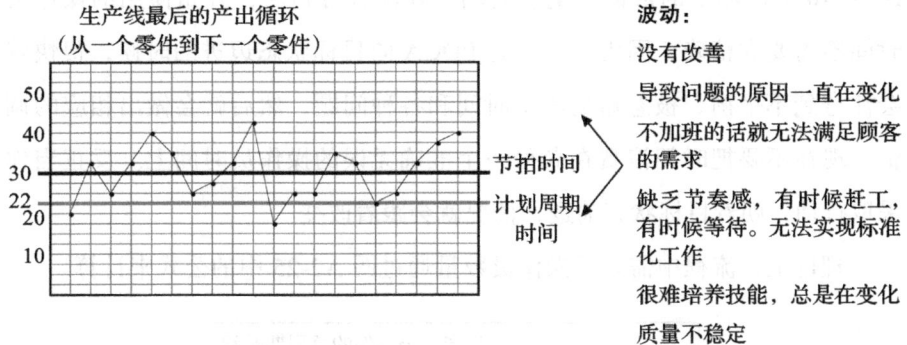

图 A2-24　测量流程的稳定性

在这张图上，你会注意到每个操作员会重复出现的最低工作周期时间。这个数字会在下一个步骤中用到。例如，图 A2-24 中的最低可重复周期时间是 24 秒。

如果流程稳定，需要的操作员数量是多少

流程越不稳定，就会需要越多的操作员才能实现目标产出。不幸的是，要是流程中有冗余的操作员，会带来更多的不稳定。因为工作比较轻松的操作员会自然而然（善意）地去帮助其他人解决问题，提前批量制造产品，工作的周期也会不一样。变异越多，产生的问题越多，也就更难了解问题发生的原因，进入一个恶性循环。

要注意的是，即使以正确的操作员数量稳定地运行流程，当问题发生的时候，还是需要一个方式从生产线以外来迅速应对（详见第 7 章）。问题总会发生。

计算操作员的数量。要确定流程的操作员数量，需要衡量生产一个零件从开始到结束所需要的操作员总操作时间。做法是对每个操作员的操作时间进行测时，然后加起来（不要在这里使用标准工时，这样会让你远离

现场观察）。

还有一个简单快速的方法，用在流程分析中已经足够：使用前面测时20～40个循环中的最低可重复时间。在流程分析时，开始使用的操作员时间不需要太精确，因为在你实施 PDCA 向目标状态迈进的时候，很快就会注意到不平衡、被忽略的等待时间和各种问题，然后就会做出相应的调整。现在不要把时间浪费在获得一个准确无误的操作员时间上。反正当你采取行动，朝着目标状态前进，情况就会跟着改变。

理论上，流程中需要的操作员数量通过图 A2-25 中的公式来计算。

$$\text{正确的操作员数量} = \frac{\text{生产一个零件的总周期时间}}{\text{计划周期时间}}$$

图 A2-25　需要的操作员数量

图 A2-26 是一个计算的示例。

流程中有 4 位操作员，因为计算结果是 3.2 位，所以现在看来这 4 位操作员是必要的。但是，因为这个 4 位操作员的产能并没有充分利用，所以如果流程稳定，目标状态可以延伸——以 3 位操作员来运行这个流程。

操作员	最低可重复时间	备注
1	15 秒	
2	13 秒	
3	16 秒	估计生产一个零件，操作员总的周期时间
4	25 秒	
	Σ= 69 秒	

$$\frac{69\text{ 秒总时间}}{22\text{ 秒计划周期时间}} = 3.2\text{ 位操作员}$$

图 A2-26　需要的操作员数量的计算示例

汇总现状

流程分析的其中一个目的就是让你花时间去观察流程的实际情况。在这个过程中，所获得的信息和数据足以帮助你确定第一个目标状态。你可能已经看到下一个适合的目标状态，急着想要开始动手了。不过，在你着手开始定义下一个目标状态之前，先写一页纸的现状汇总。

如图 A2-27 所示是一家德国公司以一页纸的篇幅写下来的现状汇总示例，供你参考，我更希望你能开发出适合你自己的格式。

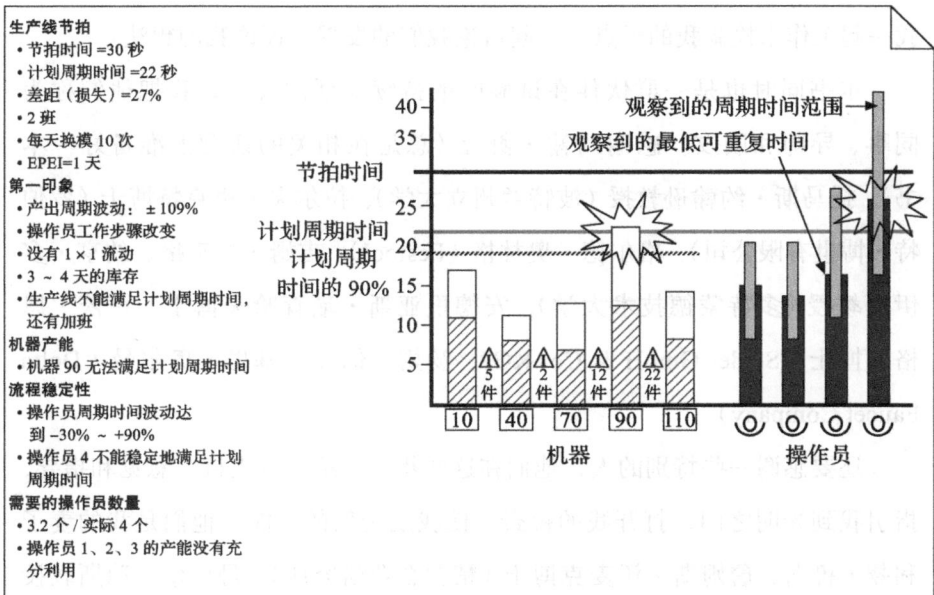

图 A2-27　一页纸的现状汇总

致　谢

感谢所有给予我帮助的人，他们让我可以接触他们的公司和工厂，和我一起工作来检验我的观点，一起讨论我们的发现，评论我的想法。

本书同时也是一群伙伴在试验时的持续对话的反映，我把他们称为同事、导师和朋友。感谢约翰·舒克（总是在相关的话题上准备好一本书）、托马斯·约翰逊教授（波特兰州立大学）、拉尔夫·里克特博士（罗伯特·博世有限公司）、格尔德·奥林格（Festool）、吉姆·亨辛格、约亨·多伊泽教授（多特蒙德技术大学）、安德里亚斯·瑞森哈夫博士、卢茨·恩格尔博士（Seidel GmbH & Co. KG），汤姆·伯克和基思·奥尔曼（Delta Faucet Company）。

还要感谢一些特别的人，他们在这些年一直给予我支持、意见和指导，指引我到光明之门，打开我的视野，使我发现新的可能。他们是我的妻子利兹·鲁斯、詹姆斯·沃麦克博士（精益企业研究所）、丹尼尔·琼斯教授（精益企业研究院）、Kiyoshi Suzaki 先生、杰弗瑞·莱克教授（密歇根大学）和我的女儿格雷丝与奥利维娅。

最后也是最重要的，要向丰田致敬——给我们这样一个有趣的题目去学习。

参 考 文 献

Austin, Robert D. *Measuring and Managing Performance in Organizations*. New York: Dorset House Publishing, 1996.

Austin, Robert, and Lee Devin. *Artful Making, What Managers Need to Know About How Artists Work*. Upper Saddle River, New Jersey: Financial Times Prentice Hall, 2003.

Biggs, Lindy. *The Rational Factory, Architecture, Technology, and Work in America's Age of Mass Production*. Baltimore: Johns Hopkins University Press, 1996.

Carse, James P. *The Religious Case Against Belief*. New York: Penguin Press, 2008.

Cusumano, Michael A. *The Japanese Automobile Industry, Technology & Management at Nissan and Toyota*. Cambridge, Massachusetts: Harvard University Press, 1985.

DeMente, Boye Lafayette. *Behind the Japanese Bow, an In-Depth Guide to Understanding and Predicting Japanese Behavior*. Chicago: Passport Books, 1993.

Deming, W. Edwards. *Out of the Crisis*. Cambridge, Massachusetts: MIT Press, 2000. (Originally published in 1986.)

Dewey, John. *Human Nature and Conduct*. New York: Prometheus Books, 2002. (Originally published in 1929.)

————. *The Quest for Certainty*. New York: Perigee Books, 1980. (Originally published in 1922.)

Gilbert, Daniel. *Stumbling on Happiness*. New York: Alfred E. Knopf, 2006.

Henry Ford Tax Case Manuscript Collection. National Automotive History Collection, Detroit Public Library. Transcripts of Testimony of Peter E. Martin (vol. II, pp. 846–904), Fred H. Colvin (vol. II, pp. 929–47), Edward Grey (vol. III, pp. 1230–50), and Fay Leone Farote (vol. III, pp. 1158–1229, 1250–69, 1387–1400).

Hounshell, David A. *From the American System to Mass Production, 1800–1932*. Baltimore: Johns Hopkins University Press, 1984.

Johnson, H. Thomas. "Lean Dilemma: Choose Systems Principles or Management Controls, Not Both." Unpublished paper, 2006. (Later published as: H.

Thomas Johnson, "A Systematic Path to Lean Management," *The Systems Thinker*, vol. 20, no. 2 [March 2009], pp. 2–6).

Johnson, H. Thomas, and Anders Bröms. *Profit Beyond Measure, Extraordinary Results Through Attention to Work and People*. New York: The Free Press, 2000.

Kleiner, Art. *The Age of Heretics, a History of the Radical Thinkers Who Reinvented Corporate Management*, 2nd edition. San Francisco: Jossey-Bass, 2008.

Malone, Patrick M. "Little Kinks and Devices at Springfield Armory, 1892–1918," *Journal of the Society for Industrial Archeology* (1988): 14:1.

Mintzberg, Henry. *Managers Not MBAs. A Hard Look at the Soft Practice of Managing and Management Development*. San Francisco: Berrett-Koehler Publishers, 2004.

Ohba, Hajime, and Cindy Kuhlman-Voss. "Leadership and the Toyota Production System," presentation at Association for Manufacturing Excellence Conference, Chicago, Nov. 2002.

Pascale, Richard Tanner. "Perspectives on Strategy: The Real Story Behind Honda's Success," *California Management Review*, Spring 1984.

Perrow, Charles. *Normal Accidents. Living with High-Risk Technologies*. New York: Basic Books, 1984.

Popper, Karl R. *The Logic of Scientific Discovery*. London: Hutchinson & Co., 1968. (Originally published in 1959.)

Shewhart, Walter A. *Statistical Method from the Viewpoint of Quality Control*. New York: Dover Publications, 1986. (Originally published in 1939.)

Shimizu, Koichi. "Reorienting Kaizen Activities at Toyota: Kaizen, Production Efficiency, and Humanization of Work," *Okayama Economic Review*, vol. 36, no. 3, December 2004, pp. 1–25.

Spear, Steven J. "The Toyota Production System: An Example of Managing Complex Social/Technical Systems. 5 Rules for Designing, Operating, and Improving Activities, Activity-Connections, and Flow-Paths," Ph.D. dissertation, Harvard University Graduate School of Business Administration, 1999.

Watts, Alan. *The Way of Zen*. New York: Vintage Books, 1989. (Originally published in 1957.)

Womack, James P., Daniel T. Jones, and Daniel Roos. *The Machine That Changed the World: The Story of Lean Production* New York: HarperPerennial, 1991.

精益思想丛书

推 荐 阅 读